34kg 감량한 이경영 박사의
저칼로리
해독밥상

34kg 감량한 이경영 박사의

저칼로리
해독밥상

초판 1쇄 발행 | 2015년 1월 8일
초판 2쇄 발행 | 2015년 8월 11일

글 | 이경영
요리 | 김외순
사진 | 최해성(Bays Studio), 최지은

발행 | (주)조선뉴스프레스
발행인 | 김창기
편집인 | 우태영
기획편집 | 김화(출판1팀장), 김민정, 박영빈
판매 | 방경록(부장), 최종현, 박경민
교정·교열 | 김현지
디자인 | design group ALL

편집문의 | 724-6726~9
구입문의 | 724-6796, 6797
등록 | 제301-2001-037호
등록일자 | 2001년 1월 9일
주소 | 서울시 마포구 상암산로 34 DMC 디지털큐브 13층(121-904)

값 12,000원
979-11-5578-035-0 13590

*이 책은 (주)조선뉴스프레스가 저작권자와의 계약에 따라 발행하였습니다.
저작권법에 의해 보호받는 저작물이므로 무단 전재와 복제, 전송을 금합니다.
*저자와 협의하여 인지를 생략합니다.
*조선앤북은 (주)조선뉴스프레스의 단행본 브랜드입니다.

삶을 아름답고 풍요롭게 만드는 도서를 출판하는 조선앤북에서는
예비 작가분들의 소중한 원고를 기다립니다.
블로그 blog.naver.com/chosunnbook
이메일 chosunnbook@naver.com

34kg 감량한 이경영 박사의

저칼로리 해독밥상

이경영 지음

★ 2주 디톡스 식단을 만나세요!

조선앤북

PROLOGUE

몸무게와 독소를 한 방에 잡아주는
2주 해독 다이어트 프로그램

"2주 만에 진짜 살이 빠지나요?" 처음 회원들과 2주 다이어트 프로그램을 진행하면서 가장 많이 들은 질문입니다. 내 살이 2주 만에 빠질 거라면 진즉에 빠지지 않았겠느냐는 거죠. 물론 2주 만에 놀라운 변화를 얻기는 힘듭니다. 그럼에도 불구하고 2주를 강조하는 것은 18년 동안 다이어트 프로그래머로 활동하면서 '다이어트에 성공한 사람들은 처음 2주 감량 폭이 크다'는 통계를 얻었기 때문입니다. 반대로 첫 2주에 다이어트 결과가 좋지 않았던 분들은 다이어트를 지속하기도 어렵고 지속한다고 해도 2주 결과에서 크게 달라지지 않았습니다. 결국 초기 2주 안에 내 몸이 지금의 에너지 상태를 버리고 새로운 에너지 상태로 전환하는 터닝 포인트를 맞이하는 것이 다이어트의 관건인 셈입니다. 그래서 이 책은 2주 밥상을 통해 다이어트의 터닝 포인트를 최대한 빠르고 확실하게 만날 수 있도록 구성했습니다. 만약 2주 이상 다이어트하고 싶다면 감량 목표에 따라 2주 밥상을 적절히 활용하면 된답니다.

18년간의 경험을 통해 얻은 또 다른 소중한 교훈은 '해독이 잘돼야 속칭 다이어트발이 잘 받는다'는 점입니다. 환경호르몬, 중금속, 식품첨가물 등에 장시간 방치되어 독소가 가득 쌓인 상태로 다이어트에 돌입하면 몸의 피로만 늘고 효과는 잘 나타나지 않아요. 감량에는 성공하더라도 수족냉증이나 변비 같은 부작용으로 고생하게 되지요. 다이어터들을 잘 관찰해보면 같은 연령대에 비슷한 신체 조건인데도 결과가 다른 경우를 종종 발견하게 됩니다. 똑같이 노력했음에도 불구하고 왜 누구는 빠르게, 누구는 더디게 감량이 되는 것일까요? 더딘 경우에 속한다면 내 몸에 쌓인 '독소'를 점검하고 해독 기능을 강화해주세요. 무리하게 식사량을 줄이고 운동량을 늘리는 것보다는 독소를 잘 해결해 다이어트발이 잘 받는 몸을 만드는 것이 효과를 급상승시킬 수 있는 비결입니다. 독소만 제대로 배출되어도 장운동이 잘되고 혈액순환과 림프순환이 개선되면서 지방 연소 효율이 높아져 피로감 없이 성공적인 다이어트를 할 수 있답니다. 따라서 이 책에서는 해독 효과가 높은 4단계 밥상 전략을 준비했습니다. 2주, 즉 14일을 준비기, 집중 감량기, 지속 감량기, 유지기로 나눠 각 단계마다 효과적인 식품을 이용해 저칼로리로 밥상을 차려 먹음으로써 해독과 다이어트를 한 방에 잡을 수 있는 방법이랍니다. 해독이 동시에 진행되므로 효율이 높아서 식사량을 지나치게 줄이지 않아도 되기 때문에 먹는 재미도 포기하지 않고 다이어트할 수 있지요.

마지막으로 이번 다이어트 밥상은 모두 식판으로 차렸습니다. 다이어트와 건강 관리를 성공적으로 하려면 무조건 굶거나 적게 먹는 것이 아니라 세 끼를 꼬박 균형식으로 먹는 것이 중요하고, 균형식을 위한 가장 좋은 방법이 식판 사용입니다. 식판의 섹션을 하나씩 채우면서 부족한 영양소도 고루 채우고, 편식이나 급하게 차려 대충 먹는 나쁜 식습관도 고쳐나갔으면 합니다. 아무렇게나 먹으면 '내가 무슨 부귀영화를 누리려고 이런 고생을 하나'라는 부정적인 생각이 들기 십상이지만 식판에 보기 좋게 차려 먹으면 내가 제대로 먹고 있다는 확신과 자존감이 높아져 다이어트가 힘들지 않게 느껴질 것입니다.

'당신이 먹는 것이 곧 당신이다'라는 말이 있듯이 건강하고 날씬한 몸을 유지하기 위해서는 좋은 식습관을 정착시키는 것이 가장 중요합니다. 열량만 많고 영양 균형이 사라진 패스트푸드 일색의 밥상이나 야식, 불규칙한 식사 등 잘못된 식습관은 독소와 노폐물 배출을 방해해서 다이어트는 물론 건강까지 망치고 말지요. 이 책에 제시된 2주 해독 다이어트 프로그램은 굶는 대신 똑똑하게 먹음으로써 요요 없는 건강한 다이어트를 할 수 있도록 고안한 것입니다. 34킬로그램 감량 경험과 다이어트 전문가로서의 18년 노하우가 모두 녹아 있는 이 프로그램을 통해 다이어트의 터닝 포인트뿐만 아니라 인생의 터닝 포인트를 맞이하시길 바랍니다.

이경영

CONTENTS

CHAPTER 1
Q&A로 알아보는
2주 해독 다이어트

12	**Q1**	**다이어트 후에 피로와 변비로 고생하고 있답니다** ▶▶식품독소, 환경독소, 배출독소, 마음독소를 멀리해주세요
21	**Q2**	**칼로리뿐 아니라 염분도 체크해야 하나요?** ▶▶칼로리는 비만을 만들고, 염분은 비만을 악화시킵니다
25	**Q3**	**다이어트 점수, 디톡스 점수는 무슨 의미인가요?** ▶▶이상적인 해독 다이어트 밥상에 100점을 주었어요
28	**Q4**	**왜 4단계이고 단계별 특징은 무엇인가요?** ▶▶다이어트는 클렌징, 집중 감량, 지속 감량, 유지, 4단계를 거쳐 이뤄져요
38	**Q5**	**2주 만에 정말 살이 빠질까요?** ▶▶감량 목표에 따라 2주 프로그램을 다양하게 활용하세요
42	**Q6**	**식판이나 도시락을 사용하면 더 효과적인가요?** ▶▶식사량 조절과 식습관 교정을 위해 식판과 도시락을 추천합니다
46	**Q7**	**다이어트 요리를 만들 때는 계량이 중요하겠죠?** ▶▶정확한 계량을 위해 전자저울, 계량스푼, 계량컵을 준비하세요

CHAPTER 2
살도 잡고, 독소도 잡는
저칼로리 해독 식단

1단계 강력 청소기

1일차 — 50
- 아침: 브로콜리밥과 비빔청국장 / 두부버섯찜 / 부추숙주나물 / 무청들기름볶음
- 점심 (52): 고구마두유구이 / 콜리플라워샐러드 / 피망피클
- 저녁 (54): 흑미콩밥 / 토란전 / 매운양배추묵무침 / 곤약미나리무침

1일차 간식
- 56 오전 우엉칩
- 57 오후 흑미두유

2단계 집중 감량기

2일차 — 58
- 아침: 메밀현미밥 / 북어마늘볶음 / 콩나물잡채 / 미역무무침
- 점심 (60): 낙지달걀볶음밥 / 오이생채 / 김자반
- 저녁 (62): 모둠콩밥 / 조기조림 / 피망잡채 / 매생이숙주무침

3일차 — 64
- 아침: 매생이밥아현미밥 / 닭가슴살청경채볶음 / 열무무침 / 양송이홍고추조림
- 점심 (66): 북어밥과 달래장 / 오색채소볶음 / 파래김자반
- 저녁 (68): 모둠콩밥 / 닭가슴살샐러드 / 다시마낙지말이 / 매콤시금치무침

4일차 — 70
- 아침: 메밀현미밥 / 갈치양념구이 / 깻잎콩가루찜 / 얼갈이생채
- 점심 (72): 닭고기버섯밥 / 양상추요구르트샐러드 / 마늘종볶음
- 저녁 (74): 모둠콩밥 / 단호박두부찜 / 브로콜리초무침 / 미역미나리무침

2~4일차 간식
- 76 오전 완두콩라테
- 77 오후 바나나민트구이

	아침	점심	저녁
5일차	78 { +메밀현미밥 / +대구찹쌀찜 / +열무콩가루볶음 / +쪽파김무침	80 { +묵은지채소김밥 / +닭가슴살홍고추조림 / +죽순양파볶음	82 { +모둠콩밥 / +꽁치조림 / +청경채매운볶음 / +무비트피클
6일차	84 { +메밀현미밥 / +오징어돌나물샐러드 / +감자양념조림 / +느타리버섯나물	86 { +다시마마늘밥 / +꽃게살전 / +가지찜	88 { +모둠콩밥 / +고등어구이 / +쌈배추생채 / +톳나물무무침
7일차	90 { +메밀현미밥 / +조기허브구이 / +달걀채소말이 / +우엉조림	92 { +주꾸미주먹밥 / +바질토마토샐러드 / +단호박후추볶음	94 { +모둠콩밥 / +문어미역무침 / +애호박견과류볶음 / +꽈리고추양념찜

5~7일차 간식   96 오전 홍고추부각   97 오후 고구마요구르트

3단계 지속 감량기

	아침	점심	저녁
8일차	98 { +팥밥 / +쇠고기유자무침 / +양파견과류볶음 / +달래매실겉절이	100 { +파인애플볶음밥 / +파프리카닭고기볶음 / +사과자몽무침	102 { +찰보리밥 / +오징어복분자샐러드 / +브로콜리대추볶음 / +레몬즙도라지생채
9일차	104 { +두릅씨앗밥 / +자두닭가슴살무침 / +감자채전 / +달래오이생채	106 { +현미토르티야 / +파프리카샐러드 / +사과계피구이	108 { +율무밥 / +조개고구마줄기볶음 / +더덕찹쌀구이 / +깻잎매실생채
10일차	110 { +옥수수밥 / +육원전 / +양배추들깨볶음 / +상추겉절이	112 { +미니파프리카컵밥 / +파래달걀전 / +표고버섯복분자 소스구이	114 { +기장밥 / +주꾸미채소볶음 / +토란고추조림 / +숙주레몬냉채

8~10일차 간식   116 오전 모둠과일칩   117 오후 연근칩

	아침	점심	저녁
11일차	118 { + 보리밥 + 달래낙지강회 + 취나물볶음 + 고구마상추샐러드	120 { + 두부견과류스테이크 + 새송이꽈리고추샐러드 + 밤유자무침 + 오미자바질차	122 { + 통밀밥 + 소고기양파찜 + 양송이버섯볶음 + 속배추겉절이
12일차	124 { + 현미수수밥 + 홍합콩나물찜 + 상추나물 + 배샐러드	126 { + 오트밀핫케이크 + 소고기굴무침 + 양파셀러리피클	128 { + 조밥 + 새우자몽샐러드 + 달래연근무침 + 양배추생채
13일차	130 { + 귀리밥 + 코다리구이 + 두릅된장무침 + 취나물들깨볶음	132 { + 대추견과류볶음밥 + 브로콜리전 + 파인애플홍초샐러드	134 { + 약콩밥 + 삼치조림 + 콩나물겨자채 + 연근초무침

11~13일차 간식   136 오전 통곡물시리얼   137 오후 허브키위주스

4단계 감량 유지기

	아침	점심	저녁
14일차	138 { + 무굴밥 + 표고버섯홍삼볶음 + 고춧잎메밀순무침 + 더덕생채	140 { + 김치치즈밥 + 아스파라거스 카레샐러드 + 뱅어포검은깨볶음	142 { + 귀리콩밥 + 셀러리마른새우볶음 + 전복조림 + 근대잔멸치볶음

14일차 간식   144 오전 마요구르트   145 오후 호두검은깨강정

SPECIAL 01   2주 식단과 요리별 칼로리   146
SPECIAL 02   2주 식단과 요리별 나트륨   148
SPECIAL 03   2일(주말) 집중 해독 프로그램   150
INDEX   151

일러두기
- 이 책의 레시피에 제시된 재료는 모두 1인분 기준입니다.
- 같은 단계 내에서는 특정 일차의 식단을 반복하거나 식단끼리 교체해도 괜찮습니다.
- 점심 식단은 도시락을 싸기에도 적당한 메뉴들로 준비했습니다.
- 이 책에 사용된 식판은 다이어트에 적합한 A4 용지 미만의 크기로 실제 양보다 많아 보여 심리적으로 유리해요.
- 이 책의 식단으로 가족 밥상을 차릴 때는 성장기 아이들을 위해 단백질과 철분이 풍부한 고기나 생선 반찬을 곁들여주세요.

CHAPTER 1.

Q&A로 알아보는
2주 해독 다이어트

똑같이 다이어트했는데 다른 사람들에 비해 살이 안 빠진다면, 혹은 다이어트 후 변비, 수족냉증 등 부작용으로 고통받고 있다면 내 몸의 디톡스 시스템을 점검해야 합니다. 특히 패스트푸드, 짜고 자극적인 음식들을 즐겨 먹을 경우 지금 당신의 몸속은 독소와 노폐물이 가득할 가능성이 아주 높습니다. 살을 효율적으로 빼면서 건강도 유지하려면 '칼로리'만큼 중요한 것이 '디톡스'라는 것을 잊지 마세요. 그럼 지금부터 체지방도 잡고, 독소도 잡는 2주 해독 다이어트 프로그램에 대해 하나하나 친절하게 풀이해드릴게요.

Q1 다이어트 후에 피로와 변비로 고생하고 있답니다

▶▶ 식품독소, 환경독소, 배출독소, 마음독소를 멀리해주세요

남자 친구와 수영장에 가기 위해 독하게 다이어트했다는 직장 여성이 상담을 요청했다. 힘들게 다이어트해서 원하는 체중이 되었지만 이상하게 몸이 피곤하고 발에 냉기가 심해 드라이어로 발을 따뜻하게 해주는 것이 일상이 되었다고 하소연한다. 항상 피곤하고, 저녁이면 다리가 붓고, 변비는 습관으로 자리 잡았다는 것이다.

어떻게 살을 뺐기에 이런 부작용이 나타난 것일까? 혹시 아침에는 날씬한 몸을 만들어준다는 슈퍼마켓에서 산 저칼로리 시리얼을 먹고, 점심에는 인터넷으로 주문한 단백질 셰이크를 마시고, 저녁에는 편의점에서 몸짱 필수 아이템인 닭가슴살 캔을 사 먹는 방식으로 살을 뺀 것은 아닐까? 칼로리의 관점에서 본다면 이는 분명 성공한 다이어트이다. 하지만 식품첨가물과 환경호르몬의 주범인 가공식품을 주식으로 하는 다이어트는 몸의 컨디션을 최악으로 떨어뜨린다. '저칼로리'만큼 중요한 '디톡스'를 간과했기 때문이다.

당신의 디톡스 시스템은 잘 가동되는가?

디톡스detox는 말 그대로 우리 몸에 쌓인 독소toxin를 제거하는 시스템이다. 최근 디톡스 또는 해독 프로그램이 큰 인기를 끄는 이유는 대기 오염, 화학첨가물, 농약, 중금속, 환경호르몬 등이 늘면서 과거에 비해 독소가 많은 환경에 살게 되었기 때문이다. 이에 반해 독소를 배출하는 인체의 능력은 떨어졌다. 과잉 섭취로 인해 장기가 혹사당하고 활동량이 줄면서 혈액순환과 림프순환 능력이 저하된 것이다.

그렇다면 독소라는 것은 무엇일까? 독소라고 하면 뱀의 치명적인 '독'을 연상하기 쉽지만 독과 독소는 조금 다르다. 우리 인체의 대사 시스템을 방해하는 여러 가지 물질들을 독소라고 생각하면 된다. 예를 들어 장희빈이 먹은 사약은 '독'이지만 환경호르몬

과 항생제 남용으로 급속하게 자란 돼지고기는 우리 몸에 '독소'로 작용할 수 있다. 불행히도 사약과 같은 독은 그 위험성을 빨리 파악할 수 있지만, 항생제로 범벅된 돼지고기는 그리 위험해 보이지 않는다. 이런 독소들이 우리 몸에 서서히 쌓이면 인체의 면역과 대사 기능이 떨어져서 결국 큰 위험으로 작용하게 된다. 생리학을 전공한 필자가 우리 몸에 부정적 영향을 주는 만성 독소로 판단하는 것은 유해 식품(식품독소), 활성산소(환경독소), 변비(배출독소), 스트레스(마음독소) 등이다.

흔하면서 위험한 다섯 가지 식품독소 멀리하기

박사 과정 시절 비만 쥐의 간 유전자를 분석하는 연구를 했다. 식습관의 문제로 비만이 된 쥐의 간(간은 대장과 함께 해독에서 중요한 역할을 한다)을 해부했는데 술을 먹이지 않았음에도 지방간(비알코올성 지방간)이 되어 있었다. 이때 연구한 것이 지방 독성과 당 독성이었다. 지방이나 당을 과다 섭취한 쥐의 간에서 나타난 지방 독성과 당 독성이 대사 질환(당뇨, 고혈압, 고지혈증 등)과 큰 관련이 있었다. 특이한 것은 탄수화물을 과다 섭취하든 지방을 과다 섭취하든 상관없이 간에서는 비슷한 독성 반응을 보였던 것이다. 결국 달콤한 빵이나 부드러운 면, 시원한 아이스크림을 먹으면서 '이건 기름지지 않으니까 문제없을 거야'라는 생각은 버려야 한다는 것이다.

우리가 쉽게 먹고 있지만 장기간 섭취하게 되면 만성 독성이 될 수 있는 독소 식품을 크게 다섯 가지로 분류할 수 있다. 밀가루, 하얗게 정제된 설탕, 카페인 함유 식품, 붉은색 육류, 그리고 트랜스 지방산을 포함한 튀김류이다. 이런 식품들은 우리 몸에 불필요한 당과 콜레스테롤이 쌓이게 만들어 독소로 변하게 한다. 또한 산성이 강한 식품들로서 우리 몸을 산성화시켜 피로를 느끼게 하며, 해독 능력을 떨어뜨린다.

카페인, 튀김류, 흰 설탕, 붉은색 육류, 밀가루 등 5대 독소 식품

정제된 밀가루 밀가루가 건강에 부정적 영향을 준다는 것은 이미 알려진 사실이다. 특히 화학물질로 뒤범벅된 물 건너온 밀가루는 말할 것도 없다. 정제 과정에서 우리 몸에 유익한 식이섬유, 비타민, 미네랄은 다 떨어져 나간다. 여기에 온 세계가 관심을 가지고 있는 글루텐 단백질 문제도 심각하다. 글루텐은 과자나 빵, 면을 쫀득하거나 바삭하게 만들어주는 성분이다. 쌀이 밀가루보다 경쟁력이 없는 것도 부풀어 오르거나 차지게 만드는 단백질인 글루텐이 없기 때문. 문제는 글루텐이 그것에 민감한 이들에게 두통이나 소화불량, 관절통, 불안 증상을 안겨준다는 사실이다. 미국인의 40

밀가루, 보리, 귀리, 오트밀 등 글루텐 함유 식품

퍼센트 정도가 글루텐 민감성을 가지고 있다는 보고가 있으며, 최근 미국에서는 이런 증상으로 고통받는 이들을 위한 글루텐 프리 제품이 큰 인기를 얻고 있다. 밀가루 섭취량이 늘고 있는 한국에서도 조만간 이 제품들에 관심을 가지게 될 것이다. 밀가루 외에 보리, 호밀, 귀리 등에도 글루텐이 들어 있으니 글루텐 프리 밥상을 차릴 때 주의해야 한다.

최근 글루텐으로 인해 생기는 장 누수 증후군이 큰 관심을 끌고 있다. 글루텐을 섭취하면 소장에서 조눌린이라는 단백질이 분비되어 위장관의 결합이 풀리게 만들어 위장관에 있던 음식이 분해도 안 된 상태에서 빠져나가 면역계가 음식을 공격하는 대형 참사가 터진다. 인체의 입장에서는 엄청난 독소를 만나는 셈이다. 결국 염증이 생기면서 몸은 자꾸 아프고 먹은 것도 없이 체중이 증가하는 문제로 이어진다.

정제된 설탕 밀가루와 환상의 조합인 설탕 역시 한국인의 입맛을 완전히 바꾸어놓았다. 설탕은 집에서 나물무침, 생선구이를 만들 때는 거의 꺼낼 일이 없지만 빵과 과자를 구울 때는 꺼낼 일이 잦다. 50년 전만 해도 하루 한 숟가락도 먹지 않던 설탕을 지금처럼 많이 먹게 될 줄 누가 알았겠는가. 미국인은 1년에 평균 63킬로그램의 설탕을 먹는다고 하니 성인 몸무게 수준의 설탕을 몸에 투입하고 있는 셈이다. 회원들과 상담을 해보면 우울하거나 피곤할 때 초콜릿이나 과자, 빵을 먹으면 진정이 되어서 습관적으로 먹게 된다고 한다. 스트레스를 받으면 혈당이 높아져서 설탕을 먹고 싶은 욕구 역시 증가하기 때문으로 분석된다. 높아진 혈당으로 증가한 인슐린은 우리를 또 배고프게 만들어 설탕에 대한 집착을 높인다. 한 연구에 의하면 설탕 섭취가 많아지면 지방 연소 효율은 떨어지는 것으로 나타났다. 또 설탕이 위장에서 이스트를 부풀게 하고, 대장에서는 유익균을 없애고 유해균이 잘 살 수 있는 환경을 만들어 소화불량을 일으키고 면역력을 떨어뜨린다.

문제는 단 음식에 대한 갈망은 자꾸 커진다는 사실이다. 설탕은 담배와 비슷해서 먹으면 먹을수록 더 먹고 싶다. 따라서 단 음식이 먹고 싶을 때는 설탕이 들어간 식품 말고 고구마와 바나나, 포도를 먹을 것을 권장한다. '이럴 때 다이어트 콜라를 마셔도 되느냐?'는 질문을 종종 받는데, 칼로리 제로 콜라에 들어 있는 아스파탐과 같은 인공감미료는 몸을 지치게 한다. 콜라 속 인공감미료가 인슐린 분비량을 높여 지방 축적을 늘리는 반면 행복 호르몬이라 불리는 신경전달물질인 세로토닌 분비는 줄인다. 실제로 다이어트 탄산음료를 많이 마신 사람들이 살이 더 찌는 것으로 조사되었다.

18년 전 필자는 밥 먹는 돈을 아껴서 케이크를 사 먹을 정도로 생크림케이크와 치즈케이크 중독자였다. 다이어트를 하면서 케이크와 멀어져야만 했을 때 이루 말할 수 없이 힘들었다. 그러나 신기한 것은 한 달도 안 되어 머릿속에서 케이크의 존재가 사라졌다는 점. 헤어지면 죽을 것 같았는데 한 달 안에 관심에서 완전히 멀어진 것이다. 설탕은 멀리할수록 그 맛에 대한 의존도도 확실히 떨어진다. 얼마 전 세계보건기구WHO에서 하루 당 섭취를 전체 열량의 5퍼센트로 줄이도록 권고했다. 성인 남자 기준으로 설탕 25그램, 즉 6티스푼 정도에 해당되는 양이다. 사이다 한 캔에 30그램의 설탕이 들어 있고 캔 커피에는 설탕이 20그램이 들어 있다. 필자가 사랑했던 치즈케이크 한 조각에도 설탕이 25그램이나 들어 있다. 무심코 먹다가 하루 권장치가 훌쩍 넘을 수 있으니 꼼꼼하게 따져봐야 한다.

카페인 식품 현대인들은 피곤하다. 모닝벨 소리에 겨우 잠에서 깬 심신은 강력한 카페인을 필요로 한다. 커피를 좋아하지 않았던 필자는 박사 과정 시절 밤늦도록 연구를 하다가 커피에 빠졌다. 커피를 먹으면 집중력이 생기는 것 같아 즐기게 되었고, 출산 후 육아에 지치면서 커피는 자연스럽게 일상이 되었다. 문제는 커피가 일시적으로 집중력을 높이지만 결국 몸을 더 피곤하게 만든다는 데 있다. 지속적인 카페인 섭취로 자극 반응을 담당하는 부신 시스템이 지치면, 피로 해소를 위해 먹었던 카페인이 피로의 주범으로 변한다. 카페인을 먹으면 신장이 자극을 받아 소변량이 늘고 결국 해독에 필요한 물이 지속적으로 우리 몸에서 빠져나간다. 카페인 한 잔을 먹으면 최소한 생수 두 잔 이상을 먹어야 부족한 수분을 채울 수 있는 것이다.

더구나 카페인을 오후에 섭취하면 성장호르몬 분비까지 방해할 우려가 있다. 카페인은 섭취 후 6시간 정도 지나야 반 이상 분해되고 10시간이 지나서야 완전히 인체에서 빠져나간다. 이로 인해 오후 늦게 카페인 섭취를 하게 되면 밤 12시에서 새벽 2시에 집중적으로 분비되는 지방 연소 호르몬인 성장호르몬의 분비는 줄어든다. 나이가 들수록 카페인 분해 능력이 떨어지며, 술이나 담배까지 하면 카페인이 체내에 머무르는 시간은 더 길어진다. 해독 프로그램을 상담할 때 회원들이 밀가루만큼 양보하기 싫어하는 식품이 바로 카페인 함유 식품이었다. 다들 카페인을 먹지 않고 며칠을 버틸 수 있을까 걱정했는데, 처음 일주일은 아주 힘들고 피곤해하다가 2주가 지나자 대부분 별 문제 없이 잘 극복해가는 모습을 보여주었다. 어느 순간 자연스럽게 로즈메리, 민트, 라벤더와 같은 허브티와 생수를 즐기게 되었다는 것이다. 다이어트에 돌입했는데

커피, 녹차, 허브티(카페인 제로)순으로 카페인 함량이 적다.

카페인이 간절하게 그립다면 커피보다 카페인 함량이 40퍼센트 적은 녹차를 연하게 타서 먹다가 차츰 허브티로 바꾸는 게 요령이다.

붉은색 육류 한때 〈미트릭스〉라는 풍자 애니메이션이 인터넷에서 인기였다. 영화 〈매트릭스〉에서 아이디어를 차용했는데 좁은 사육장에 갇혀서 식용으로 사육되는 가축들이 주인공이었다. 가축들은 자신들이 드넓은 초원에서 신선한 풀을 뜯어 먹고 마음껏 뛰어놀면서 행복하게 자라는 줄 알고 있었지만, 실상은 한 발자국도 움직일 수 없는 공간에서 항생제와 성장호르몬 주사를 맞고 동물성 사료(풀을 뜯어 먹는 초식동물에게 동물성 사료라니!)를 먹으며 급성장해서 인간의 식탁에 올려지는 것이었다. 실제로 외식을 하면서 먹는 육류는 대부분 이런 시스템에 의해 생산된다. 스트레스를 잔뜩 받고 자란 데다가 독소로 변하기 쉬운 포화지방산과 콜레스테롤이 켜켜이 쌓인 붉은색 육류인 돼지고기, 쇠고기는 해독 기간 동안 최대한 멀리해야 한다. 우리 몸 구석구석 퍼져 있는 혈관에 독소가 쌓이면 동맥경화가 된다. 닭고기와 같은 가금류를 선택할 때도 가급적이면 친환경 제품을 선택하고 유통 기간이 놀라울 만큼 긴 통조림 제품은 멀리하자.

튀김류 소화가 잘되는 한식을 주로 먹다가 간만에 친척들과 모여 중국 식당으로 갔다. 중국집의 필수 요리인 탕수육을 시켜 먹고 밤새도록 소화가 안 돼서 고생했다. 돼지고기를 튀겼으니 위 체류 시간은 최소 4시간. 저녁 늦게 중국 음식이나 통닭, 감자튀김 같은 음식을 먹으면 위에 부담이 늘어나 숙면도 물 건너가고 만다. 죽과 같은 가벼운 탄수화물은 위 체류 시간이 2시간 이내이고 닭가슴살과 같은 단백질 식품은 3시간 정도이다. 이에 반해 튀김류는 최소 4시간 이상일 뿐 아니라 위산을 비정상적으로 분비하게 만든다. 음식물이 위에 머무르는 시간이 길어지면 복압이 높아지면서 식도로 음식이 돌아가는 역류성 식도염의 위험도 늘어난다. 여기에 튀길 때 사용하는 트랜스지방산(옥수수나 콩을 기름으로 만들 때 부패 방지를 위해 수소를 첨가한 변형된 지방산)은 우리 몸에서 필수지방산을 밀어내고 세포의 대사 교란을 일으키는 진짜 독성으로 변한다.

꼭 다이어트 기간이 아니더라도 식용유는 수소 처리되지 않은 기름을 사용하는 것이 가장 좋다. 친환경 식품 코너에서 올리브유, 카놀라유, 아마씨유 등 비타민, 미네랄, 폴리페놀이 살아 있는 신선한 기름을 고르도록 한다.

★ 5가지 독소 식품

종류	대표 식품
정제된 밀가루 (글루텐 함유 식품 포함)	빵, 과자, 케이크, 라면, 국수, 스파게티, 피자, 시리얼, 글루텐 함유 식품(밀가루, 호밀, 귀리, 보리, 통밀)
정제된 설탕	흰 설탕, 시럽, 초콜릿, 시판 주스, 아이스크림, 탄산음료, 커피 음료
카페인 식품	커피, 홍차, 탄산음료, 초콜릿
붉은색 육류	돼지고기, 쇠고기, 햄, 소시지, 베이컨
튀김류 (트랜스지방산 포함)	마가린, 콩기름, 어묵, 감자튀김, 탕수육, 군만두, 돈가스, 햄버거, 닭튀김

5 색깔 식물영양소로 환경독소 해독하기

식품독소 다음으로 문제가 되는 것이 환경독소인 활성산소이다. 노화의 주 원인으로 꼽는 활성산소는 오존층 파괴로 증가한 자외선, 지나친 운동, 스트레스 등이 원인이 되어 만들어진다. 활성산소의 문제는 놀라운 파괴력이다. 전자가 한 쌍으로 이루어진 산소와 달리 활성산소는 전자가 한 개 밖에 없는 치명적인 약점이 있다. 결국 짝을 찾아야 완전체가 되기 때문에 세포를 끊임없이 공격한다. 이 과정에서 DNA와 세포막은 손상되고 우리 몸은 녹슨 못처럼 산화되고 늙어간다. 인체에 들어오는 산소의 2~5퍼센트가 활성산소인데, 방어 능력이 좋으면 큰 문제가 되지 않는다. 하지만 활성산소를 해독하는 능력, 즉 항산화 능력이 떨어지면 활성산소는 인체에 큰 독소로 작용하게 된다.

최근 식물화학물질phytochemicals 또는 식물영양소phytonutrients라고 해서 식물 속 생리 활성 물질의 항산화 효과를 다루는 연구가 많이 발표되었다. 채소나 과일 등의 식물을 통해 포만감을 주는 식이섬유가 보충된다는 것은 이미 알려진 사실. 식물 속에 이 식이섬유 외에 플라보노이드, 카로티노이드, 리코펜, 안토시아닌 등 강력한 항산화 능력을 갖추고 있는 성분이 많다는 점에 마침내 전문가들이 집중하게 된 것이다.

또한 내부적으로 만들어지는 염증을 해결하는 데도 식물영양소가 큰 역할을 한다는 사실이 밝혀지고 있다. 지방세포는 사이토카인과 같은 염증 물질을 배출해 우리 몸을 아프게 한다. 피부에 생긴 염증은 쉽게 발견되는 데 반해 몸속에 생긴 염증 반응은 잘 드러나지 않는다. 몸속의 염증 반응은 대사 기능을 떨어뜨리고 인슐린 저항성을 만들어 비만을 악화시킨다. 식물영양소는 알레르기와 같은 염증 반응을 저하시키거나 면역력을 강화하여 염증을 억제한다.

식물영양소는 식물이 자외선이나 해충으로부터 자신을 보호하기 위해 만들어내는 방어 물질로 태생적으로 강한 자생력을 가진다. 식물의 색깔에 따라 영양 성분도 달라지는데, 이 식물영양소들의 고른 섭취를 위해 미국에서는 1990년대 국립암연구소를 중심으로 하루 다섯 가지 과일과 채소를 섭취하여 암을 예방하자는 캠페인을 벌인 적이 있다. 한국영양학회에서 2010년에 발표한 〈한국인 영양 섭취 기준〉에서는 여자 성인(19~64세)은 하루 7회의 채소와 2회의 과일을 섭취하도록 권장한다. 채소 1회는 15칼로리로 당근 4분의 1개(44그램)에 해당하고, 과일 1회는 50칼로리로 딸기 열 개 정도의 양이다. 2008년 국민 건강 영양 조사에서 채소와 과일 모두 1일 권장 수준 이상으로 섭취하는 한국인이 6~7퍼센트에 불과하다는 충격적인 결과가 보고되었다. 채소 중심의 한식과 과일 후식으로 구성된 엄마표 밥상이 붕괴된 것이 그 이유가 아닐까. 따뜻한 집밥을 먹을 때는 하루에 과일, 채소를 몇 번 먹었는지 체크할 필요가 없을 정도로 매끼 밥상에 자리 잡고 있었던 과일, 채소를 일부러 찾아 먹어야 하는 시대가 온 것이다.

식물의 색깔마다 다른 성분, 즉 빨간색의 리코펜, 초록색의 이소티오시아네이트, 노란색의 베타카로틴, 흰색의 알리신, 보라색의 레스베라트롤 등이 강한 면역력을 선물해주는 고마운 식물영양소로 주목받고 있음에도, 아직 식물영양소는 5대 영양소에 속하지 않고 중요성에 대한 인식도 부족해 정해진 가이드라인이 없는 상황이다. 회원들의 식단을 분석한 결과 마늘이나 양파를 요리에 자주 이용하는 우리 밥상의 특성상 흰색 영양소 섭취는 문제가 없었지만 나머지 네 가지 색깔의 식물영양소는 의식적으로 섭취할 필요가 있는 것으로 나타났다. 따라서 이 책에서는 디톡스 효과를 최대한 끌어올릴 수 있도록 매끼마다 5 색깔의 식물영양소를 골고루 섭취할 수 있는 식단을 구성해 제시했다.

★ **식물영양소가 들어 있는 5 색깔의 식품**

빛깔	대표 식품
빨간색	토마토, 수박, 딸기, 석류, 사과, 앵두, 핑크색 자몽, 라즈베리, 팥, 크랜베리, 자두, 체리, 오미자, 복분자, 대추, 홍피망, 적무, 홍파프리카, 홍고추, 레드비트, 홍조류(김, 우뭇가사리)
초록색	시금치, 청피망, 물냉이, 상추, 브로콜리, 완두콩, 녹차, 케일, 미나리, 오이, 부추, 배추, 녹두, 멜론, 두릅, 죽순, 아욱, 파, 녹조류(청각)
노란색 (오렌지색 포함)	옥수수, 파인애플, 단호박, 귤, 살구, 오렌지, 레몬, 파프리카(노랑, 주황), 고구마, 대두, 콩나물, 당근
흰색	마늘, 양파, 무, 더덕, 보리, 칡, 우엉, 인삼, 버섯, 호두, 배, 생강, 밤, 콩나물, 감자
보라색 (갈색, 검은색 포함)	검은콩, 검은깨, 현미, 흑미, 가지, 포도, 블루베리, 비트, 갈조류(미역, 다시마, 톳)

*참고_「내 몸을 살리는 식물영양소」, 한국영양학회 지음, 들녘

식이섬유로 배출독소 변비 해결하기

식생활이 불규칙한 현대인이 달고 사는 변비 역시 해독을 막고 있는 주범이다. 대변은 우리 몸에 들어온 독소를 내보내는 절호의 찬스를 만들어준다. 드라마 〈허준〉 등에서 임금의 대변을 검사하는 어의의 모습을 볼 수 있는데 왕의 건강 상태를 대변으로 확인했던 것이다. 변이 제때 밖으로 배출되지 못하면 대장에 머물렀던 독소가 다시 혈액을 통해 우리 몸 전체를 떠도는 문제가 생긴다. 이는 전염병 발생 지역의 방역이 뚫리면서 전국으로 퍼져서 난리가 나는 것과 같은 상황임에도 의외로 변비 문제를 가볍게 생각하는 이들이 많다. 음식독소와 환경독소를 인체에서 내보내는 것은 소변과 대변이다. 수용성 독소를 소변으로 내보낸다면 지용성 독소를 비롯한 노폐물들은 대변으로 확실히 내보내야 한다. 배변 활동이 안 되면 선조들이 이야기하는 이른바 똥독이 생기는 것이다. 장에 쌓인 노폐물이 빠져나가지 못하면 장 점막을 손상시키고 혈액으로 타고 들어간 독소가 우리 몸에 축적된다. 만병의 근원이라고 하는 변비를 쉽게 보면 안 되는 이유이다.

변비 문제의 해답은 자극적이고 짠 음식, 밀가루와 육류 중심의 식단을 피하고, 채소와 과일에서 얻어지는 식이섬유를 충분히 섭취하는 데 있다. 식이섬유는 인간의 소화 효소로 분해되지 않기 때문에 대장에서 대변을 만들 때 큰 도움을 준다. 또 수분을 흡수해서 부피를 증가시켜 대변의 형태도 만들어준다. 콜레스테롤, 당 찌꺼기, 지방, 중금속 등을 대장에서 흡수하지 못하도록 이 독소들을 흡착하여 밖으로 빼내는 것도 식이섬유의 역할이다. 한 연구에 의하면 식이섬유를 많이 먹는 동양인의 경우 음식 섭취 후 장을 통과해서 대변으로 나오는 시간이 30시간 미만이지만, 식이섬유가 거의 없는 정제 식품을 많이 먹는 서양인의 경우에는 대변 통과 시간이 두 배가 훨씬 넘는 평균 72시간 정도이며 대변량도 동양인보다 적은 것으로 밝혀졌다. 이처럼 체내 노폐물의 최종 산물인 대변은 독소 물질을 많이 함유하고 있어 장에 오래 머물수록 인체의 해독 능력을 떨어뜨린다. 변비를 가볍게 여기는 경우가 많은데, 변비가 심해지면 체내

 Dr. 이경영의 다이어트 팁

변비를 자가 진단해보자
- 배변 횟수가 주 1~2회 이하
- 변을 볼 때 4번 중 1번은 과도하게 힘을 주는 경우
- 그 외 굳은 변, 배변 후 잔변감, 복부 팽만감 등이 느껴질 때

노폐물이 대장에 쌓이게 되고 이것이 발암물질로 악화되어 대장암으로까지 발전될 수 있음을 기억하자.

식이섬유는 이 밖에 과식에서 소식으로 전환될 때 생길 수 있는 배고픔을 줄이는 데도 큰 도움이 된다. 이처럼 해독과 식사량 조절에 큰 공헌을 하는 식이섬유를 늘릴 때는 물의 양도 함께 늘려야 한다. 채소를 먹으면서 물을 먹지 않는 다이어트를 하는 것은 상당히 위험하다. 수분이 부족하면 대장에서 수분을 흡수해버려 대변이 딱딱해지고 장이 꼬이는 문제가 생길 수 있기 때문이다. 하루 2리터씩 생수를 마셔서 식이섬유가 제대로 해독을 할 수 있도록 도와주어야 한다.

★ **식이섬유가 많은 식품**

종류	대표 식품
채소류	고구마, 우엉, 버섯, 양배추, 묵, 곤약, 케일, 무청, 토란, 시금치, 두릅, 달래
과일류	오렌지, 사과, 블루베리, 자두, 바나나, 매실
해조류	다시마, 미역, 톳, 김
곡물류	현미, 팥, 귀리, 옥수수, 수수

취미나 명상으로 마음독소 스트레스 줄이기

마지막으로 배출시켜야 할 독소는 마음의 독소인 스트레스이다. 스트레스는 만병의 원인이자 독소를 유발하는 과식, 활성산소, 변비의 또 다른 원인이기 때문에 관리가 필수적이다. 현대인들이 스트레스를 받지 않는 것은 불가능하므로 운동, 명상, 스트레칭, 취미 등 스트레스에 대처하는 자신만의 건전한 방법을 찾는 것이 중요하다.

Q2 칼로리뿐 아니라 염분도 체크해야 하나요?

▶▶ 칼로리는 비만을 만들고, 염분은 비만을 악화시킵니다

살을 빼기로 결심했다면 처음으로 할 일은 나에게 적당한 칼로리 계산이다. 우리 몸은 기본적으로 섭취 칼로리가 소비하는 칼로리보다 많으면 살이 찌고, 적으면 살이 빠지도록 설계되어 있기 때문이다. 슬프게도 넘치는 칼로리는 뱃살, 허벅지 살, 팔뚝 살로 보존된다. 다이어트 상담을 하다 보면 "별로 많이 먹는 편도 아닌데 살이 쪄요!"라는 말을 흔히 듣는데 과연 그럴까? 다이어트를 위해 샐러드 바를 주로 이용한다는 어느 회원은 샐러드를 양껏 먹고 빵, 파스타, 디저트까지 곁들인다고 털어놓았다. 얼핏 들어도 1,000칼로리는 훌쩍 넘을 양이었다. "한식만 먹으니까 괜찮겠죠?"라는 또 다른 다이어터는 밥도둑이라 불리는 짭조름한 밑반찬에 얼큰한 찌개를 즐겨 먹는다고 한다. 넘치는 칼로리 때문에 축적된 체지방을 염분으로 인한 부종이 더욱 악화시켜 비만이 될 수밖에 없는 식사법이었다. 최근에는 이른바 먹방(먹는 방송)을 보면서 식사를 하는 회원도 만날 수 있었다. 먹방 진행자들에 비하면 자기는 정말 적게 먹는 편인데, 왜 살이 찌는지 모르겠다는 것이었다. "많이 먹었다 싶은 날에는 1시간씩 운동을 하는데도 살이 안 빠져요" 하는 하소연도 종종 듣게 되는데 1시간 정도 칼로리를 소비해도 23시간은 활동성이 떨어지기 때문에 운동을 했다고 과식이 상쇄되기는 힘들다. '세월 앞에 장사 없듯 많이 먹는 데 장사 없다'는 것을 반드시 기억하자.

내 몸에 적당한 칼로리는 따로 있다

다이어트 중 내 몸에 적당한 '하루 칼로리 섭취량'은 '기초대사량'에 '활동 강도'를 곱해서 계산한다. '기초대사량'은 근육량을 기초로 해서 자신의 칼로리를 태우는 능력으로, 숨을 쉬고 체온을 유지하고 맥박을 뛰게 하는 데 소모되는 에너지라고 생각하면 이해하기 쉽다. 여성은 남성에 비해 근육량이 3분의 2 정도밖에 되지 않아 기초대사량이

떨어진다. '활동 강도'는 하루의 활동량 정도로 생각하면 된다.

> 다이어트 중 하루 칼로리 섭취량 = 기초대사량 × 활동 강도
> 여성의 기초대사량 = 0.9 × 체중 × 24
> 남성의 기초대사량 = 1 × 체중 × 24
> *활동 강도: 학생, 사무직 1.2 / 육아 중인 주부, 판매 사원 1.35 / 운동선수 1.5

사람마다 요구되는 칼로리가 다르기 때문에 이 책은 다이어트를 가장 열심히 하는 50~60킬로그램대의 20~30대 여성을 기준으로 저칼로리 메뉴를 제시했다. 또 처음엔 1,200칼로리로 시작하지만 6일 간격으로 1,350칼로리, 1,500칼로리로 양을 조금씩 늘리다가 마지막 날에는 1,650칼로리로 다이어트를 끝내도록 함으로써 건강에 무리 없이 효과적으로 다이어트할 수 있도록 프로그램을 짰다. 활동량이 적은 40~50대 여성의 경우 제시된 분량보다 조금 덜 먹는 게 요령이고, 남성이라면 조금 더 먹어도 괜찮다.

옷 사이즈를 줄이려면 소금부터 줄여라

칼로리가 비만을 만든다면, 염분은 비만을 악화시킨다. 나트륨을 과도하게 섭취하면, 식욕 자극 호르몬인 그렐린이 증가하고 식욕을 억제시키는 렙틴 호르몬이 감소되어 이상 식욕이 생기기 쉽다. 실제 국민 건강 영양 조사(2008년)에서도 열량 섭취와 상관없이 짜게 먹을수록 살이 찔 확률이 높은 것으로 드러났다. 이 조사에 따르면 가장 짜게 먹는 성인 그룹이 가장 싱겁게 먹는 그룹보다 비만 위험도가 1.2배 높고 청소년 그룹은 위험도가 더 증가하여 짜게 먹을수록 비만도가 1.8배 증가한다. 그럴 수밖에 없는 것이 고나트륨 섭취는 불필요한 수분을 몸에 잡아두므로 부종으로 이어지거나 정맥혈에 노폐물이 쌓이게 만들어 몸무게를 늘리는 결과를 초래한다. 특히 하체 비만의 경우 하체 부종이 있을 가능성이 크므로 염분에 더욱 신경 쓸 필요가 있다.

알려진 대로 짠맛을 사랑하는 한국인의 나트륨 섭취량은 세계 1위이다. 국과 찌개, 김치, 면, 과자 등을 통해 나트륨 섭취가 늘어난다. 소금 1작은술에는 나트륨이 2,000밀리그램 포함되어 있는데, 한국인이 좋아하는 된장찌개 1인분에 2,000밀리그램의 나트륨이 들어 있다. 이것은 세계보건기구에서 제안한 1일 나트륨 목표섭취량(2,000밀리그램)과 같은 양으로, 찌개 1인분만으로 목표섭취량을 먹는 셈이다. 실제로 한국인의 하루 나트륨 섭취량은 4,878밀리그램(국민 건강 영양 조사, 2010년)으로 최대 섭취 권고량의 2.4배에 해당하는 나트륨 고함량 식사를 하는 것으로 나타났다. 따라서 저염식

된장찌개 1인분에는
1일 나트륨 목표섭취량인
2,000밀리그램이 들어 있다.

밥상을 통해 나트륨 함량을 줄이는 것이 필요하다.

다이어터들에게 저염식 밥상에 대해 설명하면 대부분 맛이 없을 것이라고 걱정한다. 하지만 나트륨 함량을 30퍼센트까지 줄여도 맛의 차이를 크게 느끼지 못한다고 한다. 미국 오리건주립대학에서는 실험을 통해 나트륨 함량에 차이가 있는 다양한 샌드위치를 제공했을 때 나트륨 함량을 30퍼센트 낮춘 샌드위치의 구매 의향이 특별히 떨어지지 않은 것을 확인했다. 무염식이 아닌 저염식 밥상이라면 먹는 재미를 포기하지 않아도 되는 것이다.

★ 한국인이 사랑하는 고나트륨 함유 식품 분류

종류	음식 명	나트륨 함량
찌개류 (1그릇)	된장찌개	2,000mg
	김치찌개	2,000mg
	순두부찌개	1,400mg
국·탕 (1그릇)	어묵국	2,400mg
	갈비탕	1,700mg
	육개장	2,900mg
일품식 (1인분)	김밥	800mg
	비빔밥	1,300mg
	카레라이스	1,100mg
면류 (1인분)	짜장면	2,400mg
	물냉면	2,600mg
	우동	2,400mg
반찬류 (1접시)	배추김치	300mg
	열무김치	300mg
	마늘쫑무침	600mg
간식 (1인분)	떡볶이	900mg
	순대	1,300mg
	햄치즈샌드위치	1,000mg

*참고_ 〈외식의 나트륨 함량〉, 식품의약품안전청, 2011

칼륨이 풍부한 밥상이 답이다

나트륨 섭취량이 높은 상태에서 칼륨 섭취량이 부족한 것도 비만을 악화시킨다. 이렇게 되면 수분 균형을 유지하기가 힘들어지면서 심장에서 먼 부위인 팔과 다리의 순환 장애로 이어진다. 한국 성인에게 필요한 칼륨의 충분섭취량은 3.5그램인데 국민 건강 영양 조사(2005년)에 따르면 충분섭취량 미만으로 섭취하는 이들이 90퍼센트가 넘는 것으로 나타났다. 칼륨은 채소와 과일, 해조류 등에 풍부하게 들어 있으므로 식사 때마다 제대로 챙겨야 한다.

★ 칼륨 고함량 식품

종류	대표 식품
채소류	토마토, 오이, 호박, 배추, 고추, 무, 감자
해조류	생미역, 생다시마
과일류	사과, 바나나, 참외, 감, 배, 귤
콩류	대두, 서리태, 울타리콩
동물성 식품	우유

다이어트 점수, 디톡스 점수는 무슨 의미인가요? Q3

▶▶ 이상적인 해독 다이어트 밥상에 100점을 주었어요

이 책에서는 해독 다이어트를 위한 이상적인 식단을 제시했는데, 독자들이 쉽게 이해할 수 있도록 그 효과를 점수로 표현했다. 비만과 직접적으로 관계가 깊은 칼로리와 나트륨, 칼륨의 양은 '다이어트 점수'로 표현했으며, 식품독소, 환경독소, 배출독소 등 해독과 관계된 것은 '디톡스 점수'로 표현했다. 넘쳐나는 체지방을 해결하는 데 도움이 되는 저열량(50점), 저나트륨(25점), 고칼륨(25점) 식단일수록 다이어트 점수에서 100점에 가까운 점수를 받게 된다. 디톡스 점수는 해독에 방해되는 주요 식품을 제외하면서(50점), 5 색깔 식물영양소를 고루 적극 활용하고(30점), 식이섬유가 풍부한 밥상(20점)을 차려야 100점에 가까워질 수 있다.

다이어트 점수 = 칼로리 점수 + 나트륨 점수 + 칼륨 점수

'칼로리 점수'에서 만점(50점)을 받으려면 한 끼 메뉴를 모두 합쳐서 단계별로 제시한 칼로리(360~495칼로리)를 넘기지 않아야 한다. 2주 집중 감량 프로그램은 하루 기준 세 끼 식사와 두 번의 간식으로 이루어져 있고, 하루 1,200~1,650칼로리를 권장한다. 따라서 첫날 1,200칼로리 식단을 실시할 때는 한 끼당 360칼로리(1,200칼로리의 30퍼센트)를 넘기지 않는 것이 이상적이다. 만약 어떤 식단이 10퍼센트를 초과해 396칼로리라면 50점의 10퍼센트(5점)을 감점하는 방법으로 칼로리 점수를 계산했다.

'나트륨 점수'에서 만점(25점)을 받으려면 한 끼 메뉴의 나트륨 함량이 모두 합쳐서 600밀리그램을 넘지 않아야 한다. 한국인의 나트륨 하루 목표섭취량이 2,000밀리그램이므로 한 끼 600밀리그램(2,000밀리그램의 30퍼센트)을 넘지 않는 것이 이상적이다. 600밀리그램이 넘지 않으면 최고점인 25점을 획득할 수 있고, 만약 10퍼센트 초과하여 660밀리그램이면 25점에서 10퍼센트(2.5점) 감점된 22.5점을 받게 된다.

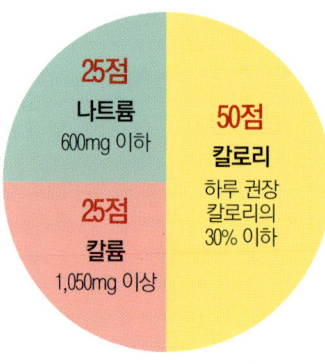

★ 다이어트 점수 100점 만점을 위한 필요충분조건

'칼륨 점수'에서 만점(25점)을 받으려면 한 끼 메뉴의 칼륨을 모두 합쳐서 1,050밀리그램을 넘겨야 한다. 한국인의 칼륨 하루 충분섭취량이 3,500밀리그램이므로 한 끼당 1,050밀리그램(3,500밀리그램의 30퍼센트)을 넘기는 것이 바람직하다. 따라서 1,050밀리그램이 넘어야 최고점인 25점을 받을 수 있고, 10퍼센트 모자라서 945밀리그램이라면 10퍼센트(2.5점)를 감점한 22.5점으로 처리된다.

디톡스 점수 = 독소식품 배제 점수 + 식물영양소 점수 + 식이섬유 점수

효과적인 디톡스 전략은 말할 것도 없이 몸속으로 들어오는 독소를 줄이고 나가는 독소를 늘려서 건강하고 깨끗한 세포와 조직으로 내 몸을 정비하는 것이다. 따라서 들어오는 독소를 배제하는 데 50점을, 들어온 독소를 해독하고 배출시키는 데 나머지 50점을 배분하여 100점 만점을 구성하였다. 즉 들어오는 독소로 작용하는 주요 식품독소 배제 여부에 50점을, 환경독소인 활성산소와 내부 독소로 변할 수 있는 염증을 줄여주는 5 색깔 식물영양소 사용 여부에 30점을, 마지막으로 체내 독소로 전환할 수 있는 콜레스테롤이나 지방, 당과 중금속을 밖으로 배출시키는 역할을 하는 식이섬유에 20점을 각각 배정했다.

'식품독소 점수'에서 만점(50점)을 받으려면 밀가루, 설탕, 붉은 육류, 카페인, 트랜스 지방산을 포함한 튀김류 모두가 없는 밥상을 차리면 된다. 이 중에 한 가지라도 포함된다면 10점씩 감점 처리된다.

'식물영양소 점수'에서 만점(30점)을 받으려면 한 끼 밥상에 빨간색, 초록색, 노란색, 흰색, 보라색 5 색깔의 식재료가 고루 사용되어야 한다. 만약에 이 색깔 중에 하나라도 빠지면 6점씩 뺀다. 예를 들어 빨강, 노랑, 초록 세 가지 색깔만 써서 밥상을 차렸다면 12점이 감점된 18점을 받게 된다.

마지막으로 '식이섬유 점수'에서 만점인 20점을 받으려면 한 끼 메뉴의 식이섬유를 모두 합쳐서 6그램을 넘겨야 한다. 한국 성인 여성의 식이섬유 하루 권장량이 20그램이므로 한 끼당 6그램(20그램의 30퍼센트)을 넘기는 것이 이상적이다. 6그램이 넘으면 최고점인 20점을 획득할 수 있고 10퍼센트 모자란 5.4그램이라면 20점에서 10퍼센트, 즉 2점이 감점된 18점을 받게 된다.

★ 디톡스 점수 100점 만점을 위한 필요충분조건

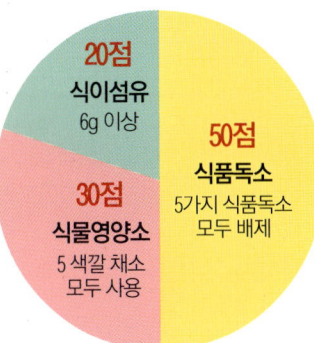

Q4 왜 4단계이고, 단계별 특징은 무엇가요?

▶▶ 다이어트는 클렌징, 집중 감량, 지속 감량, 유지, 4단계를 거쳐 이뤄져요

해독 다이어트 4단계 프로그램은 살이 빠지는 원리에 착안하여 짧은 기간에 집중적으로 살을 뺄 수 있도록 고안한 프로그램이다. 일반적으로 다이어트는 '준비' '집중 감량' '지속 감량' '유지'라는 4단계를 거쳐 이루어지는데, 해독 다이어트의 경우 이 4단계를 거치면서 디톡스까지 함께 이루어지므로 다이어트 효율이 높아 식사량을 지나치게 줄이지 않아도 된다는 장점이 있다. 기간은 다이어트의 가장 기본이 되는 2주로 잡았다.

첫날은 해독 프로그램의 시작인 강력한 클렌징을 통해 혈액의 흐름이나 혈관의 탄력, 노폐물 배출 능력을 높인다. 하루 동안 클렌징에 좋은 식품으로 장과 간, 혈관과 혈액을 깨끗하게 청소한 후 4단계 프로그램의 핵심인 집중 감량기로 넘어간다.

6일간의 집중 감량기에는 에너지 대사와 지방 연소를 강화시킨다. 인체가 클렌징이 잘된 상태이기 때문에 속칭 '다이어트발이 가장 잘 받는' 최고의 황금기이다. 이때 지방 연소 효과가 높은 식품으로 식단을 구성하고 운동요법을 병행하여 몸의 지방 연소 회로를 최상의 수준으로 끌어올리면 4단계 프로그램 기간 중 가장 큰 감량 효과를 기대할 수 있다. 특히 하체 비만의 경우 혈액순환을 강화하고 모세혈관 밀도를 높이는 운동요법이 꼭 필요하다.

2단계에 급격하게 가동된 신진대사로 인해 대사산물이 몸에 축적되면서 몸이 피로해지고 활성산소도 높아진 상태로 3단계를 맞게 된다. 이 기간에 몸과 마음에 쌓인 피로와 스트레스를 잘 풀어주어야 지속적인 감량에 성공할 수 있다. 피로물질, 활성산소를 없애고 스트레스 해소에 도움이 되는 식품을 6일간 먹으면서 2단계 효과를 지속하도록 노력한다. 특히 하체 비만은 노폐물이 주로 하체에 많이 쌓이기 때문에 2단계만큼 3단계도 집중해야 한다.

마지막 4단계인 유지기는 일반식으로 돌아갈 수 있도록 준비하는 기간이다. 그동안 금지했던 식품의 섭취가 가능하며 일반식을 스스로 조절할 수 있는 힘을 기르도록 식

단을 구성했다. 집중 다이어트 후 떨어질 수 있는 면역력을 확보하기 위해 스태미나식을 중심으로 섭취하게 된다.

★ 해독 다이어트 2주 4단계 프로그램

1단계 : 해독 다이어트 1일차(1일)
강력 청소기 클렌징 기간(장 청소, 간 청소, 혈관과 혈액 청소) → 1,200kcal 식단

↓

2단계 : 해독 다이어트 2~7일차(6일)
집중 감량기 집중 연소 기간(에너지 대사 강화, 지방 연소 강화) → 1,350kcal 식단

↓

3단계 : 해독 다이어트 8~13일차(6일)
지속 감량기 릴랙스 기간(스트레스 감소, 피로 개선) → 1,500kcal 식단

↓

4단계 : 해독 다이어트 14일차(1일)
감량 유지기 면역 기능 강화 기간(탈모 및 골다공증 예방, 일반식 이행 준비기) → 1,650kcal 식단

1단계_ 청정 식사로 몸속을 클렌징하자! 강력 청소기

피부 관리의 첫 단계는 꼼꼼한 클렌징이다. 대개의 여성들이 색조 화장을 짙게 하는 눈과 입술을 전용 리무버로 닦아내고 답답한 파운데이션을 클렌징용 로션이나 오일로 지운 다음 폼 클렌저로 또 한 번 이중 세안을 하고 나서야 비로소 기초 단계를 시작한다. 여기에 1~2주에 한 번씩 정기적으로 딥 클렌징 차원의 각질 제거까지 해주는 것이 바로 피부 관리의 정석. 아무리 좋다고 소문이 난 고가의 에센스나 영양 크림이라도 화장한 상태에서 바르면 효과가 떨어지기 마련이다. 2주 집중 다이어트 프로그램의 시작 또한 청정 식사요법을 통한 강력한 청소가 선행되어야 한다. 몸속 클렌징이 잘되어야 지방 연소와 에너지 대사 기능이 좋아져 다이어트 프로그램을 잘 받아들일 최상의 몸이 준비되는 것이다.

1단계에서는 그동안 잘못된 식습관으로 망가진 내 몸을 적극적으로 청소하자. 삼겹살, 햄버거 등 동물성 식품과 오백 식품(흰 밀가루, 흰밥, 흰 설탕, 흰 소금, 흰 조미료), 산화적 공격 등으로 움직임이 둔해진 장, 폭음과 폭식으로 독해진 간, 쌓이는 내장지방과 늘어나는 염증 물질로 부풀어 오른 복부, 당과 콜레스테롤로 끈적이는 혈액, 상처 입은 혈관 등이 다시 제 기능을 하려면 강력한 청소가 필요하다.

1단계 대표 밥상

★ 1단계 밥상 규칙

흑미두유

① 과식으로 늘어나고 지친 위장관을 쉬게 하고 활성산소를 줄이기 위해 소식을 하는 기간이다. 하루 동안 1,200칼로리 이하의 식사를 한다. 식사량은 한 끼에 ⅓~½공기 정도로 적지만 식이섬유가 풍부한 밥상으로 구성하며 세 끼 식사와 두 끼 간식을 통해 식사 간격을 4시간 이내로 줄여 배고픔을 최소화한다.

② 청정 식사 요법을 할 때이므로 모든 동물성 식품(육류, 가금류, 해산물, 우유, 달걀)을 삼간다. 맛을 내기 위한 천연 조미료까지도 동물성(새우가루, 멸치가루 등)보다 식물성(다시마가루)을 선택한다.

③ 클렌징에 방해가 되는 오백 식품(흰 밀가루, 흰밥, 흰 설탕, 흰 소금, 흰 조미료)과 카페인, 알코올 섭취를 금지한다.

④ 클렌징에 효과적인 식품을 선택한다. 십자화과 채소(브로콜리, 콜리플라워, 양배추, 케일, 순무)와 숙주나물은 지친 간을 해독해주고, 미나리와 부추, 돌나물, 피망, 흑미 등은 당과 기름으로 탁해진 혈액을 맑게 해준다. 예를 들어 흑미두유를 간식으로 마시며 독소 물질로 탁해진 몸을 정화한다. 식이섬유가 풍부한 고구마, 우엉, 버섯, 곤약, 묵, 무청, 토란 등을 섭취하면 정체된 장운동을 자극하고 포만감도 얻을 수 있다. 고구마칩, 우엉칩 등을 만들어 갖고 다니면서 간식으로 즐겨도 좋다. 이 밖에 바실러스균이 풍부한 청국장을 이용해 정장 작용을 활발하게 만드는 것도 도움이 된다.

⑤ 동물성 식품 금지로 인해 부족한 철분은 시금치와 쑥갓을 통해 보충하며 어지럼증이 심하면 철분 보충제를 복용한다.

우엉칩

⑥ 부족한 단백질과 칼슘은 식물성 식품인 콩과 두부, 두유로 보충한다.

⑦ 클렌징 효과를 높이기 위해 생수를 하루 2리터 정도 마시고 사우나와 산림욕을 병행한다.

 Dr. 이경영의 다이어트 팁

클렌징 효과를 높이는 건강한 사우나 방법
심장 부담을 줄이려면 갑자기 뜨거운 사우나에 바로 들어가는 것보다 온탕에서 3~5분 정도 몸을 데운 후 가볍게 맨손체조를 해서 심장에서 팔, 다리로 혈액순환이 잘되도록 돕는 것이 좋다. 처음에는 사우나에서 5분 정도 있다가 익숙해지면 10분까지 시간을 늘린다. 사우나의 뜨거운 증기가 피부와 모발의 노화를 촉진할 수 있으므로 찬 수건으로 감싸고 얼굴을 뜨거운 쪽으로 향하는 것은 피한다. 뜨거운 사우나에서 나온 후 바로 냉탕에 들어가면 혈관의 갑작스런 수축으로 심장과 뇌에 부담을 줄 수 있으니까 미지근한 물로 샤워한 뒤 들어간다. 탈수 현상을 막기 위해 사우나 전후에 생수를 한 잔씩 마시는 것이 필요하다. 심장이나 혈압에 문제가 있으면 아침보다 오후에 사우나를 하는 것이 위험을 줄일 수 있는 방법이다.

2단계_ 지방을 한껏 태워라! 집중 감량기

꼼꼼한 클렌징으로 몸이 다이어트에 최적의 상태가 되면 지방 연소와 에너지 대사를 최고 수준으로 높이는 두 번째 단계에 돌입한다. 2주 다이어트 프로그램의 가장 핵심적인 단계로 클렌징을 위한 소식 기간이 끝나 에너지 섭취가 추가되므로 보다 활기찬 다이어트가 가능하다. 6일 동안 가급적이면 약속을 피하고 지방 연소에 도움되는 유산소운동이나 인터벌 트레이닝을 적극적으로 병행하면 큰 효과를 기대할 수 있다. 덤벨이나 밴드를 이용한 가벼운 근육운동도 함께 해주면 시너지 효과가 난다. 지방 연소 운동을 할 때는 땀복처럼 열 발산을 막는 옷보다 가벼운 면 옷이나 땀 배출을 도와주는 기능성 옷을 입고 하는 것이 좋다.

2단계 대표 밥상

에너지 대사를 향상시키려면 근육량 확보가 중요한데 필수아미노산 중에 특히 BCAA branched chain amino acid에 집중해야 한다. 우리말로 곁가지 아미노산이라고 불리며 아홉 가지 필수아미노산 중 류신, 이소류신, 발린이 BCAA에 속한다. 우리가 먹는 단백질 식품은 아미노산으로 분해되어 간에서 대사된 후 근육으로 가는데, BCAA는 특이하게도 바로 근육으로 흡수되어 몸짱으로 거듭나게 만들어준다. 근육에 있는 단백질의 35퍼센트가 BCAA로 우리가 아무리 굶어도 근육 속 BCAA는 분해되지 않아 탄력 있는 근육을 지켜주는 것이다. 닭가슴살 예찬론도 이 BCAA에서 시작되었다. 닭가슴살 95그램에 BCAA가 4,000밀리그램이 넘으니 하루 4,000밀리그램이라고 강조하는 BCAA 보충제가 무색해지는 셈이다. BCAA는 생선과 해산물에도 많아서 북어(3,134밀리그램), 대구(2,901밀리그램), 꽁치(1,743밀리그램), 조기(1,655밀리그램), 갈치(1,436밀리그램), 꽃게(1,118밀리그램), 낙지(1,162밀리그램), 중하(1,061밀리그램)를 골고루 먹는다면 강력한 근육을 만드는 데 도움이 된다.

★ 2단계 밥상 규칙

① 1단계에서 실시했던 하루 1,200칼로리 소식에 150칼로리를 추가해서 1,350칼로리의 식사를 6일간 실시한다. 세 끼 식사와 두 끼 간식을 통해 식사 간격을 4시간 이내로 줄여 인체의 에너지 저장 경향도 줄인다.

② 1단계에서 금지되었던 동물성 식품 중에 생선, 해산물, 닭고기, 우유, 유제품, 달걀 섭취가 가능하며 동물성 식품 중 육류는 여전히 금지된다.

③ 지방 축적을 돕는 오백 식품(흰 밀가루, 흰밥, 흰 설탕, 흰 소금, 흰 조미료)과 알코올 섭취는 금하

고 카페인이 들어간 커피나 홍차 역시 피한다. 커피에 비해 카페인이 적은 녹차를 운동 전에 한 잔 마시는 것은 문제없다.

④ 지방 연소와 에너지 대사 증진에 효과적인 식품을 선택한다. BCAA가 풍부한 닭가슴살과 생선, 해산물을 통해 근육량을 확보하고, 식물성 단백질 균형을 고려하여 단백질이 풍부한 메밀이나 발아현미도 자주 섭취한다. 체내 에너지 대사를 촉진하는 요오드의 주요 공급원인 다시마, 미역, 김, 매생이 등을 즐겨 먹는다. 또한 탄수화물, 지방, 단백질 대사에 관여하는 비타민 B군이 풍부한 유제품, 달걀, 바나나를 챙겨 먹는다. 지질 분해에 도움이 되는 캡사이신이 듬뿍 든 고추와 알리신이 풍부한 마늘 역시 향신 채소로 자주 애용하면 좋다. 가령 오전 간식으로 지방 파괴에 좋은 홍고추부각을, 오후 간식으로 에너지 대사를 돕는 바나나민트구이를 먹는 식이다.

⑤ 부족한 칼슘과 철분은 콩, 우유, 어패류를 통해 보충한다.

⑥ 에너지 대사와 지방 연소 효과를 높이기 위해 유산소운동과 근육운동을 적극적으로 한다. 장시간 하는 것보다 하루 1시간 정도 실시하는 것이 좋다. 유산소운동은 20분 이상 하고 근육운동은 덤벨이나 밴드 운동도 가능하다. 체력이 좋으면 인터벌 트레이닝도 효과적이다.

⑦ 지방 연소 과정에서 수분 배출이 많이 일어나기 때문에 하루 2리터의 생수 섭취가 권장된다.

홍고추부각

바나나민트구이

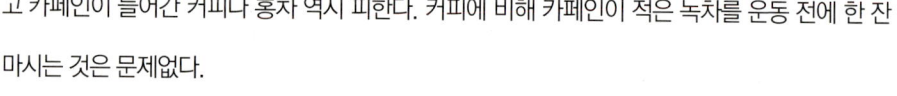

Dr. 이경영의 다이어트 팁

인터벌 트레이닝

인터벌 트레이닝은 운동과 회복을 반복하는 것으로 할리우드 스타들이 단기간에 몸을 만들 때 많이 활용하는 운동법이다. 고강도 운동과 저강도 운동을 반복하는데, 고강도 운동을 할 때는 최대 심박수의 90퍼센트 정도로 1~5분 전력 질주를 해서 인체의 무산소 대사를 최대로 끌어올려 기초대사량을 증가시킨다. 저강도 운동을 할 때는 최대 심박수의 50퍼센트로 가볍게 1~5분 정도 걷거나 달려서 지방 연소 효율을 높인다.

고강도 운동과 저강도 운동 시간을 1:1로 하는 것이 기본이며 한 가지 운동을 최소 1분 이상 지속해야 하고, 두 가지 운동을 세트로 합산하여 20~30분 정도 실시하는 것이 적당하다. 체력 소모가 심하기 때문에 체력이 약한 여성은 저강도 운동 시간을 늘려 1:2나 1:3으로 조절해도 괜찮다. 예를 들어 고강도 2분과 저강도 4분을 한 세트로 6분짜리 세트를 만들었다면, 세트를 네 번 반복해서 24분으로 구성하는 식이다. 걷기와 달리기, 자전거 타기, 줄넘기 등 다양한 종목을 인터벌 트레이닝에 적용할 수 있다. 2단계 6일 동안 하루 30분 내로 실시해본다. 체력이 떨어지면 인터벌 트레이닝보다 파워워킹에 도전해본다.

운동 종류	인터벌	운동(고강도)	휴식(저강도 운동)	트레이닝 타임
달리기/걷기	1:1	달리기 3분(9km/h)	걷기 3분(4.5km/h)	6분(3분+3분)X4세트=24분
자전거	1:2	2분(14km/h)	4분(7km/h)	6분(2분+4분)X5세트=30분
줄넘기	1:3	1분(160회/분)	3분(80회/분)	4분(1분+3분)X5세트=20분

3단계_ 스트레스와 피로를 해소하라! 지속 감량기

강력한 지방 연소와 에너지 대사 증가를 목표로 하는 2단계를 거친 후 우리 몸은 급격히 피로를 느낄 수 있다. 특히 다이어트 돌입 전 장기간 과식과 운동 부족으로 몸이 방치된 상태였다면 1, 2단계를 거치면서 피로감이 많이 쌓였을 것이다. 이렇게 다이어트로 스트레스가 쌓인 마음과 에너지 대사의 빠른 작동으로 피로해진 몸은 다이어트를 포기하고 싶은 유혹에 빠지기 십상이다. 스트레스가 쌓이면 스트레스 호르몬인 코르티솔의 분비가 증가하여 복부에 지방이 축적된다. 또 운동 후 쌓인 젖산으로 인해 몸은 자주 피로해지고 지방 연소 효율도 떨어진다.

3단계 대표 밥상

3단계에서는 2단계의 집중 감량에 이어 지속적인 감량 효과를 보기 위해 지방 연소에 방해되는 스트레스와 피로 개선에 집중한다. 피로물질인 젖산이 혈액과 근육에 축적되면 피로감이 느는데 특히 탄수화물 대사에 필요한 티아민이 부족하면 피로물질이 생기기 쉽다. 수용성 비타민 B_1인 티아민과 구연산, 사과산, 주석산과 같은 유기산이 피로물질인 젖산의 축적을 막고 분해를 도와준다. 또한 2단계에 급격하게 늘어난 운동량으로 생기는 활성산소를 제거하기 위해 항산화 능력이 뛰어난 식품을 곁들이는 것이 좋다.

 Dr. 이경영의 다이어트 팁

족욕으로 피로물질 해독하기
비만이 심해질수록 피로감도 심해지는 경향이 있는데 이것은 피로물질을 분해하는 능력이 떨어지기 때문. 운동 후 종아리가 딴딴해지거나 잘 붓는 것이 전형적인 사례이다. 이럴 때는 운동을 마치고 1시간 후에 족욕을 해주면 하체의 혈액순환이 촉진되고 피로 해소에 좋다. 족욕을 할 때는 섭씨 40~42도 정도의 따뜻한 물에 복사뼈 위의 종아리 중간 부분까지 발을 담그고, 물이 식으면 따뜻한 물을 조금씩 넣어서 온도를 유지해주는 것이 요령이다. 피로 해소에 좋은 아로마오일이나 입욕제를 사용해도 좋으며, 족욕 전과 후에 생수 한 잔씩을 마시면 수분이 보충되어 효과적이다. 처음에는 10분 정도 하다가 20~30분까지 시간을 늘리고 겨드랑이에 땀이 날 정도가 되면 끝낸다. 다리가 잘 붓는 경우 냉탕(섭씨 15~18도)과 온탕(섭씨 40~42도)을 번갈아 시도한다. 온탕에서 1분, 냉탕에서 10초를 10회 반복하면 된다. 심장 질환이나 당뇨병이 있는 경우 물의 온도를 섭씨 38도쯤으로 낮추어야 혈압에 문제가 없고, 불면증이 있는 경우라면 잠들기 전에 족욕을 하면 효과가 높다. 족욕 후에는 수면용 양말을 신어 발을 따뜻하게 유지한다. 어지럼증이나 무기력증이 많이 발생하는 반신욕에 비해 부작용이 적고 번거롭지 않아 2주 집중 프로그램 내내 실시해도 무리가 없다.

통곡물시리얼

★ 3단계 밥상 규칙

① 2단계에서 실시했던 하루 1,350칼로리 식단에 150칼로리를 추가해서 1,500칼로리 식사를 6일간 실시한다. 세 끼 식사와 두 끼 간식을 통해 식사 간격을 4시간 이내로 줄여 에너지 저장 경향도 줄인다.

② 2단계에서 금지되었던 동물성 식품 중에 쇠고기 섭취가 가능하지만 돼지고기와 육류 가공식품의 섭취는 계속해서 금한다. 이때 쇠고기는 독소 물질이 적은 친환경 무항생제 인증 식품으로 선택하는 것이 좋다.

③ 지방 축적을 돕는 오백 식품(흰 밀가루, 흰밥, 흰 설탕, 흰 소금, 흰 조미료)과 알코올 섭취는 금지되고 카페인이 많은 커피나 홍차보다 릴랙스 작용이 있는 허브차가 권장된다.

④ 스트레스 및 피로 해소에 효과적인 식품을 선택한다. 젖산 분해를 위해 유기산이 풍부한 오렌지, 귤, 자몽, 유자, 레몬, 매실, 사과, 앵두, 오미자, 파인애플, 홍초 등과 티아민이 풍부한 통곡물, 팥, 견과류, 씨앗류 등을 자주 섭취한다. 예민해진 신경을 달래주는 효과가 있는 양파, 상추, 두릅, 대추, 계피, 달래, 연근, 파프리카 등을 통해 심리적인 안정도 도모하고, 키위, 블루베리, 브로콜리, 복분자, 자두 등을 자주 섭취해서 활성산소 제거 능력을 키운다. 3단계 간식으로는 오전은 통곡물로 만든 시리얼이나 과일칩 등이, 오후는 연근칩이나 허브키위주스 등이 적당하다.

⑤ 부족한 철분은 쇠고기로 보충한다.

⑥ 릴랙스 효과를 높이기 위해 요가, 마사지, 목욕, 족욕 등을 병행한다.

⑦ 레몬즙이 들어간 생수와 홍초를 마시거나 취침 전에 신경 안정을 돕는 양파차를 마시면 피로 해소에 효과적이다. 생수와 차를 합쳐서 수분 섭취가 2리터 이상 되도록 한다.

허브키위주스

 Dr. 이경영의 다이어트 팁

심신 스트레스 지수를 체크해보자

아래의 평가표를 체크하여 점수를 합산해본다. 각각의 합계가 0~5점이면 특별히 문제가 없는 것이다. 6~12점이면 성인 남녀의 평균 수준에 해당한다. 13~19점이면 약간의 주의가, 20점 이상이면 상당한 주의가 필요하다.

심리적 스트레스 평가표

항목	항상	자주	가끔	전혀
매우 긴장하거나 불안한 상태가 되었다	3	2	1	0
기분이 매우 동요되었다	3	2	1	0
사소한 일에 매우 신경질적이 되었다	3	2	1	0
소모감, 무기력감을 느꼈다	3	2	1	0
침착하지 못하다	3	2	1	0

항목	항상	자주	가끔	전혀
아침까지 피로가 남고, 일에 기력이 나지 않았다	3	2	1	0
화가 나서 감정을 억제할 수 없었다	3	2	1	0
생각지도 못한 일 때문에 곤욕을 치렀다	3	2	1	0
심각한 고민이 머리에서 떠나지 않았다	3	2	1	0
모든 일이 생각대로 되지 않아 욕구 불만에 빠졌다	3	2	1	0
모든 일에 집중할 수가 없다	3	2	1	0
남 앞에 얼굴을 내미는 것이 두려웠다	3	2	1	0
남의 시선을 똑바로 볼 수 없다	3	2	1	0
똑같은 실수를 반복했다	3	2	1	0
가족이나 친한 사람과 함께 있는 시간도 편안하지 않았다	3	2	1	0

신체적 스트레스 평가표

항 목	항상	자주	가끔	전혀
불면	3	2	1	0
심장 두근거림	3	2	1	0
얼굴이나 신체 일부의 경련	3	2	1	0
현기증	3	2	1	0
땀이 많이 남	3	2	1	0
감각 예민(몸이 근질거리거나 따끔따끔한 통증을 느낀다)	3	2	1	0
요통	3	2	1	0
눈의 피로	3	2	1	0
목이나 어깨 결림	3	2	1	0
두통	3	2	1	0
감염증(감기, 후두염 등)	3	2	1	0
변비	3	2	1	0
발열	3	2	1	0
소화불량	3	2	1	0
설사	3	2	1	0

4단계 대표 밥상

4단계_ 면역 기능을 강화하라! 감량 유지기

2주 집중 프로그램의 마지막 단계인 4단계는 감량 유지를 준비하는 기간이다. 하루 동안 다이어트식에서 일반식으로 가는 준비를 하는데, 면역 기능 강화 및 골다공증·탈모 예방에 집중한다.

단기간 큰 체중 감량으로 인해 떨어진 체력을 회복하기 위해 보혈 강장 효과가 있는 스태미나 식품을 중심으로 식단을 구성한다. 또한 인체 면역의 70퍼센트 이상을 담당하는 장 건강을 위해 유산균을, 탈모 예방을 위해 안토시아닌 성분이 풍부한 식품을 섭취하고, 골다공증 예방을 위해 칼슘뿐만 아니라 칼슘 흡수를 돕는 비타민 D와 비타민 K 식품도 꼼꼼히 챙긴다.

마요구르트

★ 4단계 밥상 규칙

① 3단계의 하루 1,500칼로리 식단에 150칼로리를 추가해서 1,650칼로리 식사를 1일간 실시한다. 세 끼 식사와 두 끼 간식을 통해 식사 간격을 4시간 이내로 줄여 인체의 에너지 저장 경향도 줄인다.

② 3단계에서 금지되었던 돼지고기 섭취가 가능하다. 이때 돼지고기는 독소 물질이 적은 친환경 무항생제 인증 식품을 선택하고 햄이나 베이컨과 같은 가공식품은 피한다.

③ 밀가루를 먹어도 되지만 가급적이면 비타민과 미네랄이 있는 통밀을 섭취한다. 알코올 섭취는 금하고 카페인이 들어간 커피는 하루 한 잔 아메리카노 형태로 오전에 마실 수 있다. 커피보다 녹차나 허브티를 권장한다. 단순 당질이 많은 빵이나 과자는 피하고 찌개류, 젓갈류와 같이 짠 음식도 삼간다.

④ 면역 기능 강화와 탈모·골다공증 예방에 도움을 주는 식품을 선택한다. 원기 회복에 도움이 되는 전복, 인삼(홍삼), 마, 굴, 표고버섯, 더덕, 아스파라거스로 강장 효과를 높이고 강황 성분이 풍부한 카레로 면역 기능을 강화한다. 또한 요구르트, 치즈, 김치의 유산균과 생강의 매운 성분인 진저롤로 체내 면역력을 높인다. 탈모 예방에 좋은 검은콩, 호두, 검은깨와 골다공증 예방을 위한 잔새우, 멸치, 뱅어포, 우유, 근대, 고춧잎, 청경채 등을 균형 있게 섭취한다. 예를 들어 오전 간식으로 원기 회복을 돕는 마요구르트를, 오후 간식으로 탈모 예방에 좋은 호두검은깨강정을 먹으면 조화롭다.

⑤ 식물성 식품과 동물성 식품을 균형 있게 섭취하여 부족한 칼슘과 철분을 보충한다.

⑥ 면역력 증가를 위해 하루 6시간 이상 수면을 취한다. 특히 밤 12시에서 새벽 2시에 집중적으로 분비되는 성장호르몬의 수혜를 받기 위해 자정 전에 취침한다. 성장호르몬은 성장은 물론 지방 분해를 촉진하고 골밀도를 높여주는 고마운 존재이다.

⑦ 면역력 강화를 위해 근육 운동을 본격적으로 실시한다.

호두검은깨강정

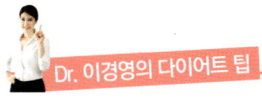

Dr. 이경영의 다이어트 팁

맛은 내주고, 살은 빼주는 똑똑한 조리법

맛	조리법
짠맛	① 저염간장(염도 12%)을 쓰면 진간장(염도 16%)을 쓸 때에 비해 염분 섭취를 많이 줄일 수 있다. 1큰술 기준으로 저염간장에는 658mg, 조림간장에는 879mg, 국간장에는 1,074mg의 염분이 들어 있다. ② 염화나트륨을 줄이고 염화칼륨, 황산마그네슘, 라이신 등을 첨가한 저염소금도 일반 소금에 비해 건강에 도움된다. 단, 신장 질환이 있는 경우 의사와 상의해 선택하는 것이 좋다. 1큰술 기준으로 저염소금에는 1,522mg, 일반 소금에는 2,688mg의 염분이 들어 있다. ③ 염분을 줄이면 음식이 맛없게 느껴질 수 있는데, 이때는 매운맛이나 신맛으로 향미를 높여주자. 예를 들어 생선을 구울 때는 소금 대신 레몬즙을 뿌리거나 간장 대신 레몬즙을 첨가해 구이 양념장을 만든다. 고춧가루(고추장보다는 고춧가루를 활용할 것), 후추, 식초, 마늘, 생강, 겨자 등을 적극적으로 활용하면 짠맛을 줄이면서도 맛있는 음식을 즐길 수 있다. ④ 염분 함량이 매우 높은 절임류, 젓갈, 장아찌, 자반류 등의 반찬은 멀리한다. ⑤ 국, 찌개 종류 역시 염분이 많으므로 멀리하고, 상에 올랐을 때는 건더기 중심으로 먹는다. 김치찌개를 끓일 때 김치의 소를 털고 물에 헹구면 염분이 줄어든다. 또 찌개는 오래 끓이면 농도가 더 진해지니 너무 졸이지 않고, 데울 때는 먹을 만큼 덜어서 한 번만 끓여 낸다. ⑥ 장조림의 경우 양파, 파, 고추, 마늘 같은 향신 채소로 국물을 낸 후 달걀이나 고기를 넣고 조리다가 마지막에 간장을 넣으면 염분을 줄일 수 있다. ⑦ 염장해 파는 해조류, 즉 미역, 다시마, 파래 등은 염분이 많으므로 찬물에 충분히 담가 염분을 뺀 후 조리한다. 뜨거운 물에 불리면 알긴산 같은 영양 성분이 손실될 수 있다. 절인 생선은 쌀뜨물에 담그면 비린내가 없어지고 살이 연해지면서 염분도 줄일 수 있다. ⑧ 칼륨은 과잉 섭취한 염분을 배출하는 역할을 하므로 짠 음식을 먹을 때는 칼륨이 풍부한 식품인 고구마, 콩, 토마토, 부추, 양배추, 시금치, 오이, 양파, 감자, 바나나를 함께 먹는 것이 좋다. 칼륨은 가열하는 것보다는 날로 먹을 때 영양 성분 손실이 적다.
기름진 맛	① 두껍고 코팅이 잘된 팬에 조리하면 기름을 조금만 넣어도 잘 타지 않는다. ② 기름을 그대로 팬에 붓지 말고 작은 용기에 덜어서 김밥용 솔로 바르는 것도 요령이다. ③ 재료를 큼직하게 썰면 기름에 닿는 단면적이 줄어들어 칼로리를 낮출 수 있다. ④ 튀김 요리를 할 때는 튀김옷을 최대한 얇게 한 후 키친타월로 감싸면 기름기를 줄일 수 있다. ⑤ 기름보다는 원재료인 식품이 칼로리가 낮다. 예를 들어 참기름 1큰술(14g)은 123kcal이지만 참깨 1큰술(7g)은 40kcal다. 따라서 참기름, 들기름 대신 참깨, 들깨를 좀 더 넣는 방식으로 조리한다. ⑥ 기름 대신 물을 두르고 채소, 나물을 볶아도 담백하다. ⑦ 육류는 기름기 많은 부위를 제거한 후 끓는 물에 10초 정도 데친 후 굽거나 찐다. ⑧ 참치나 꽁치 통조림은 체에 밭쳐 국물을 쏙 뺀 뒤, 기름종이로 감싸 기름기를 없애서 요리한다. ⑨ 햄이나 어묵은 염분과 기름기 모두 많이 함유하고 있다. 끓는 물에 고추를 넣어 데치면 염분과 기름기를 동시에 제거할 수 있다. 고추의 캡사이신 성분이 햄과 어묵 속까지 스며들어 지방을 줄이는 데 도움이 된다. ⑩ 팬 대신 오븐에 굽거나 공기로 튀기는 에어 프라이어를 이용하는 방법도 있다.
단맛	① 배, 키위, 사과, 파인애플 같은 단맛이 강한 과일의 즙을 설탕 대신 활용하면 효과적이다. ② 계핏가루는 그 자체가 단맛이 나지는 않지만 단맛을 상승시키는 역할을 한다. ③ 올리고당은 흰 설탕에 비해 칼로리가 절반 가까이 적고 식이섬유가 풍부해서 장 건강에 효과적. 특히 장내 유익균인 비피더스균을 활성화해 면역 기능도 좋아진다. ④ 당뇨 환자나 다이어터를 위한 칼로리 제로 천연 감미료를 활용하는 방법도 있다.
매운맛	① 밀가루와 당분이 많은 고추장은 칼로리가 높으므로 매운맛이 필요할 때는 고춧가루를 활용한다. 예를 들어 1큰술 기준으로 고추장(25g)에는 54kcal, 고춧가루(6g)에는 16kcal의 열량이 들어 있다. ② 육류를 조리할 때는 생강과 양파로 매운맛을 더한다. 생강의 매운맛은 지방질의 소화 흡수를 돕고, 양파의 매운맛은 콜레스테롤 흡수를 줄인다.
신맛	① 최근 인기가 많은 과일 발효 식초는 옥수수와 에탄올을 섞어 만든 일반 식초에 비해 비타민, 미네랄, 폴리페놀 등이 풍부하다. 단순히 신맛을 내는 요리가 아닌 주스를 만들 때는 순수한 과일 발효 식초를 활용하는 편이 좋다. ② 사과, 배, 레몬, 귤, 자몽과 같이 신맛이 나는 과일이 수박이나 포도, 멜론과 같이 단맛이 나는 과일보다 혈당 지수가 낮아 다이어트에 도움이 된다.

Q5 2주 만에 정말 살이 빠질까요?

▶▶ 감량 목표에 따라 2주 프로그램을 다양하게 활용하세요

메모리폼 베개는 6시간 이상 자도 그 형태를 기억하고 다시 돌아와 우리에게 편안한 잠자리를 제공한다. 이처럼 변하지 않아 고마운 것도 있지만 아무리 애를 써도 변하지 않아 우리를 슬프게 하는 것도 있다. 내 몸에 달라붙어 꿈쩍도 하지 않는 뱃살, 허벅지 살과 앞자리가 변하면 큰일나는 줄 아는 몸무게! 이 모두가 에너지 항상성 법칙 때문이다. 며칠 반짝 노력해서 약간 빠지는 것 같더니 조금만 방심하면 금세 제자리를 찾는 얄미운 군살들에게는 약한 회유보다 강력한 자극이 필요하다.

바로 에너지 항상성을 새롭게 설정하는 터닝 포인트를 2주 안에 만드는 것이다. 강력한 식사요법은 내 몸이 터닝 포인트를 빨리 만날 수 있도록 도와준다. 물론 운동을 병행하면 터닝 포인트는 더 빨리 찾아온다. 보통 다이어트 중 식사요법과 운동요법의 배분이 7 : 3이라고 할 때, 초기 다이어트의 승패는 식사요법이 결정한다.

2주는 다이어트의 승패를 좌우하는 터닝 포인트

몸무게 변화를 날짜순으로 기록해 도표로 만들어보면 내 몸이 터닝 포인트를 맞이하고 있는지 여부를 확인할 수 있다. 39쪽 도표의 두 사례 중 A 씨를 보면 14일간 몸무게 변화가 있긴 하지만 일정하지 않은 패턴을 보인다. 마지막 날 59킬로그램대가 되었지만 불과 3일 전인 11일차에 61킬로그램으로 나타나 아직 에너지 항상성이 재설정되었다고 판단할 수 없다. 이 경우 인체가 터닝 포인트를 만나는 데 실패한 셈이다.

B 씨의 케이스를 보면 14일간 몸무게가 꾸준히 감량되어 14일 후 58킬로그램대가 되었다. 11일차에도 58킬로그램대라는 비슷한 패턴을 보여 터닝 포인트를 확실히 만났다고 판단된다. 초기 다이어트에서 강력한 자극으로 일단 터닝 포인트를 만나면 우리 몸은 물을 만난 고기처럼 다이어트에 가속도가 붙어 그야말로 살 빠지는 재미에 빠

지게 된다. 결국 2주 이내에 터닝 포인트를 만나는 것이 다이어트의 성패를 좌우하는 셈이다. 터닝 포인트는 나이가 많고 다이어트 경험이 많아질수록 늦어지는 경향이 있다.

★ 터닝 포인트 실패와 성공 사례

	1일차	3일차	6일차	9일차	11일차	14일차
A 씨의 경우	약 61kg	약 60kg	약 59kg	약 60kg	약 61kg	약 59kg
B 씨의 경우	약 61kg	약 60kg	약 59kg	약 59kg	약 58kg	약 58kg

처음 2주의 성공이 다이어트의 성공으로 이어진다

센터에서 회원들과 상담해보면, 첫 2주는 다이어트 집중도가 가장 높은 기간이기도 하다. 이때는 모든 생각과 에너지가 다이어트에 집중되어 있다. 출석률도 높고 감량 데이터도 상당히 고무적이다. 3주부터는 다이어트로 미뤄둔 일정을 잡고, 먹고 싶었던 음식들을 찾기 시작한다. 어떤 다이어트 전문가도 2주 만에 다이어트가 완성된다고 하지는 못할 것이다. 그러나 오랜 경험을 통해 신기하게도 2주간 좋은 감량 결과를 가진 회원들이 그 후에도 성실하게 다이어트를 하는 것을 확인할 수 있었다.

4주간 평균 6킬로그램의 체중 감량에 성공한 20~30대 회원들의 데이터를 분석해 보니 초기 2주간 감량 결과가 매우 우수했다. 2주 안에 평균 3.6킬로그램 감량된 이들은 4주 프로그램을 끝까지 성공적으로 수행했다. 반대로 초기 2주에 이들의 절반 정도인 1.8킬로그램만 감량한 이들은 3주차부터 다이어트가 흐지부지되면서 4주 후 결과가 거의 차이가 없는 2.9킬로그램 감량에 그쳤다.

특이한 것은 빠지기 힘들다는 허리둘레나 허벅지 둘레의 변화도 비슷한 패턴을 보였다는 것이다. 이 중 허벅지 둘레 변화를 살펴보면 2주간의 허벅지 감량이 상대적으로 빠른 회원들이 4주 후 허벅지 둘레에서 큰 변화를 보여주었다. 2주간 허벅지 둘레가 2.2센티미터(2.2센티미터가 적어 보일 수 있지만 복부로 치면 4센티미터 이상 감량된 것으로 생각하면 된다) 줄어든 회원들은 4주까지 3.2센티미터가 줄어 실패 그룹의 세 배 이상 허벅지가 날씬해지는 경험을 했다. 반대로 허벅지 다이어트에 실패한 회원들의 2주 데이터를 보면 1센티미터의 감소도 보이지 않았다. 허벅지 살이 아무리 늦게 빠진다 해도 첫 2주간만 열심히 노력하면 그 후 성공이 예측된다는 이야기다.

위의 두 가지, 즉 몸무게와 허벅지 둘레 변화 패턴을 통해 짧은 2주간의 성공이 향후 다이어트에 큰 자극이 될 수 있다는 것이 증명된 셈이다.

★ 체중 변화 패턴

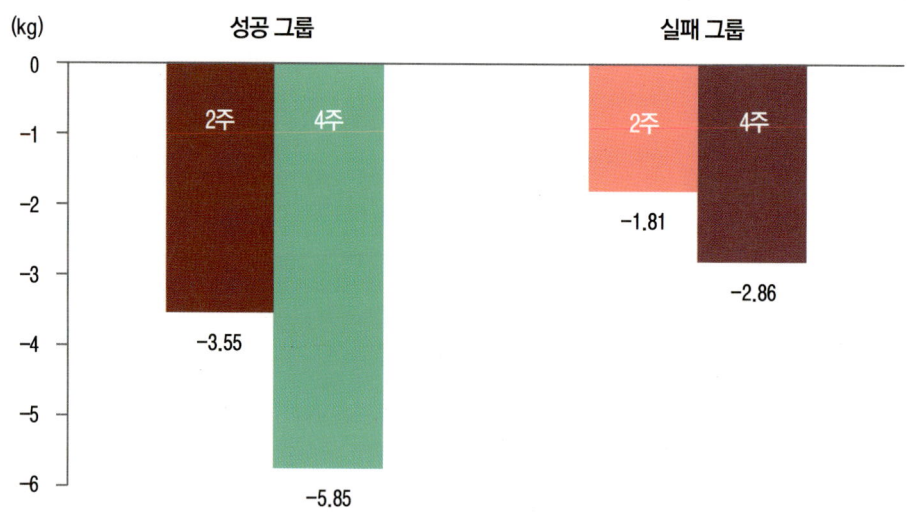

★ 허벅지 둘레 변화 패턴

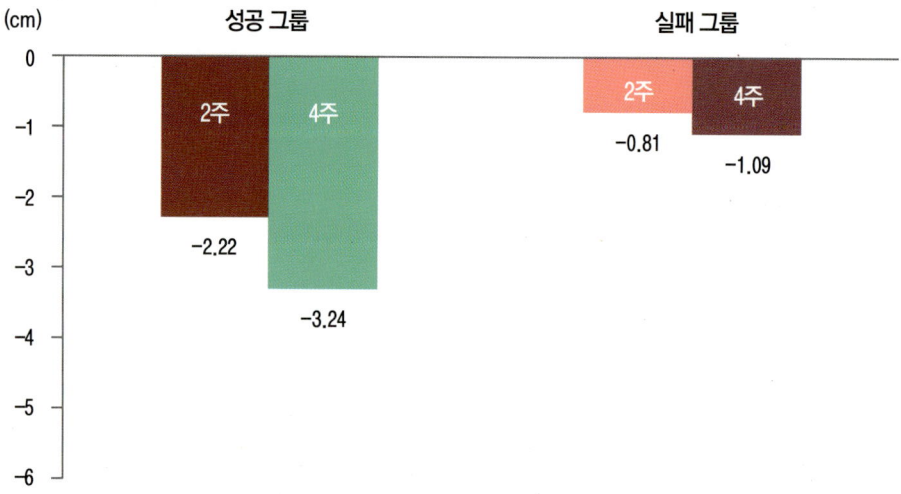

돌발 상황 및 감량 목표에 따른 2주 프로그램 사용설명서

다이어트 프로그램을 진행하다 보면 예기치 못한 변수가 생기기도 하는데 가장 빈번한 경우가 중간에 생기는 회식으로 봉인 해제 상태가 되는 것이다. 예를 들어 다이어트 3단계 2일째 되는 날 회식이 있어서 금지 식품인 술과 돼지고기 등을 먹게 되었다고 하자. 이럴 때는 다음 날 클렌징부터 시작해야 한다. 클렌징 하루를 다시 거친 후

지금 하고 있는 3단계 2일째를 다시 시작한다. 이처럼 1단계부터 3단계 사이에 불상사가 생긴다면 클렌징을 하루 더 하고 해당 단계를 수행하면 된다. 마지막 4단계에서 이런 일이 발생했다면 클렌징 기간 추가 없이 4단계 기간을 이틀 늘려서 이행 시간을 충분히 갖는다.

2주 다이어트 후에 좀 더 다이어트를 하고 싶은 경우도 있을 수 있다. 이 경우 단기간에 강력한 다이어트 효과를 얻고 싶은 다이어터와 지속적으로 조금씩 감량 효과를 얻고 싶은 다이어터의 실천 전략이 조금 다르다. 2주 프로그램으로 효과를 본 후 단기간 더 많은 감량을 하고 싶은 다이어터라면, 1단계 클렌징 프로그램을 하루 실천한 후 2단계 6일 프로그램을 두 번 반복하여 12일간 실시한다. 무리하지 않고 꾸준히 빼고 싶은 다이어터라면, 1단계 클렌징 프로그램을 하루 실천한 후 3단계 6일 프로그램을 네 번 반복하여 24일간 실시한다.

다이어트 최고의 불청객인 요요현상이 걱정되는 경우도 있다. 이때는 2주 프로그램 후 3단계(6일)와 4단계(1일) 프로그램 일주일을 네 번 반복한다. 한 달 모두 수행하기 힘들다면 저녁 식사와 주말 이틀 중심으로 4단계 프로그램을 실시하면 된다.

 Dr. 이경영의 다이어트 팁

2주 해독 다이어트 프로그램, 언제 시작할까?
1 다이어트를 결심했을 때 평양 감사도 저 싫으면 그만이다. 다이어트 의지가 없다면 짧은 2주라도 실패할 수 있다.
2 생리가 끝난 직후 생리 시작 전 일주일부터 생리가 끝날 때까지는 호르몬의 영향으로 다이어트를 해도 살이 찌기 쉽다. 가급적이면 다이어트의 황금기라고 하는 생리 끝난 다음 날부터 가볍게 시작하자.
3 주말보다 주초 음식의 향연이 펼쳐지는 주말, 휴일은 피하고 모든 것이 새로운 주초 월요일부터 시작한다. 일요일 밤부터 숙면은 필수!
4 휴가에 들어갈 때 휴가를 낼 수 있다면 휴가 시작일을 금지 식품이 많은 클렌징 기간으로 정한 후 집에서 보내는 것도 좋다. 2주 프로그램 중에 여행을 가는 것은 다이어트 흐름을 깰 수 있기 때문에 삼가는 것이 바람직하다.

Q6 식판이나 도시락을 사용하면 더 효과적인가요?

▶▶ 식사량 조절과 식습관 교정을 위해 식판과 도시락을 추천합니다

친구들과 간만에 이탈리안 레스토랑에서 수다를 떨며 점심을 먹다 보니 시간이 3시 가까이 되었다. 주위의 손님들은 다 가고 셰프와 스태프가 점심을 먹고 있었다. 평소 요리사들은 어떤 식사를 할까 궁금해서 살펴보니 식판으로 밥상을 차린 것이 눈에 띄었다. 이탈리안 레스토랑이지만 식판은 한식으로 차려져 있었다. 식판으로 식사하는 이유를 물었더니 처음에는 귀찮아서 빵이나 라면을 먹거나 남은 재료로 스파게티 등을 만들어 먹곤 했는데 살이 찌고 몸도 안 좋아져서 제대로 먹기로 결심하고 식판을 찾게 되었단다. 식판을 사용하니까 자연스레 균형식을 하게 되어 밥때 지나 먹더라도 건강을 유지할 수 있다고 한다. 양식 레스토랑이지만 셰프스 밀chef's meal만큼은 기교를 넣지 않은 한식 중심의 식판이었다.

식판으로 식습관 교정하기

20년 가까이 고객들과 식사 상담을 하면서 느낀 점은 우리의 식생활이 점점 악화되고 있다는 것이다. 특히 건강에 대한 자신감이 높은 20~30대의 경우 하루 세 끼 중 한 끼 정도라도 균형식을 하는 이들이 많지 않다. 이 연령대의 여성들은 혼자 먹을 때는 빵과 커피, 라면으로 식사를 때우고, 친구들과 외식을 해도 한식보다는 서양식 레스토랑에서 스파게티나 피자, 탄산음료로 분위기 내는 것을 좋아한다. 이러다 보니 단순당질, 포화지방산, 나트륨 중심의 저질 식단이 밥상의 중심이 되고 비타민, 미네랄, 식이섬유는 자취를 감춘 지 오래다. 집에서 밥을 먹는 시간이 없어 과일, 채소를 제대로 챙겨 먹지 못하고, 식사 간격이 불규칙하며, 하루 두 끼 식사가 고착화된 이들도 많다. 한마디로 총체적으로 부실한 식습관이 만연해 있는 것이다.

이런 경우라면 식판을 통해 균형식을 하는 방법을 추천한다. 식판에 밥과 반찬을 하

나하나 채우는 과정에서 저절로 양질의 식단을 꾸미게 되고, 식판의 음식을 고루 먹는 과정에서 균형식이 가능해지며, 자신의 몸을 귀하게 여기게 된다. 덤으로 귀찮은 설거지도 한결 간단해진다. 1인 가구가 늘면서 점점 혼자 먹는 식사 시간이 늘어나는 현대인에게 식판은 건강을 위한 최소한의 안전장치라는 생각이 든다. 식판으로 영양소를 채우고, 식사 시간을 채우고, 자존감도 채울 수 있기 때문이다.

다이어터들을 위한 식판 사용 설명서

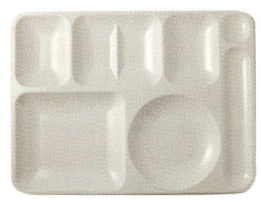
한식에 좋은 5구 식판

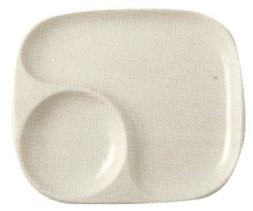
양식에 좋은 2구 식판

일반 밥그릇이 1인분이라면 다이어트용 밥그릇에는 ⅔인분이, 코렐 밥그릇에는 1⅓인분이 들어간다.

비만인의 천국으로 알려진 미국에서는 2011년 마이 플레이트my plate 운동이 적극적으로 펼쳐졌다. 뷔페식당에서처럼 한 접시에 다양한 음식을 담기는 하지만 과일과 채소가 접시의 반을 차지하도록 권장하는 것이다. 특히 채소를 반드시 과일보다 높은 비중으로 배치할 것을 강조했다. 곡류도 이왕이면 절반 이상을 식이섬유와 비타민, 미네랄이 풍부한 통곡류로 섭취하고 유제품도 저지방 또는 무지방 제품을 먹는 걸 원칙으로 한다. 복잡하게 온스나 그램 계산을 하면서 식탁을 차리는 대신 접시의 배치 비중을 알려주는 교육을 실시하여 비만과 암, 심혈관 질환 등 미국인을 괴롭히는 건강 문제를 개선하려는 의도다.

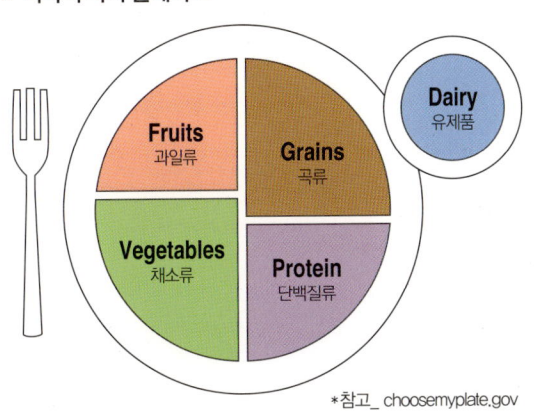
★ 미국의 마이 플레이트

*참고_ choosemyplate.gov

미국인에게 건강을 위한 접시plate가 있다면 한국인을 위한 건강 밥상에는 식판이 있다. 식판은 섹션이 확실히 나뉘어 있어 반찬끼리 섞이지 않고 한식 특유의 국물 있는 반찬도 예쁘게 담을 수 있다. 회원들에게 식판 다이어트 요령을 알려주면 대부분 쉽고 효과적이라고 한다. 식판은 다이어트용 또는 어린이용으로 나온 작은 것(A4 크기 미만)을 마련해야 조금만 음식을 담아도 가득 찬 느낌이 들어서 심리적으로 유리하다.

한식의 특징인 반찬을 담을 때도 요령이 있는데, 다이어트 식판이므로 이왕이면 체중 감량과 건강에 중점을 둬서 반찬을 배치한다. 우선 국 섹션이 별도로 있는 식판이라면 그 자리에 밥을 담으면 편하다. 다이어트용 식단은 대개 국이 없기 때문이다. 밥을 담을 때는 밥그릇을 따로 준비(이때 사이즈가 큰 미국형 코렐 밥그릇은 절대 금물이고 일반 밥그릇보다도 작은 다이어트용으로 준비할 것)하거나 밥그릇(또는 계량컵)으로 중량을 잰 뒤 식판에 다시 담아야 한다. 눈대중으로 식판에 밥을 펼쳐 담으면 생각보다 많이 먹게 된다(김밥에 의외로 밥이 많이 들어가는 것과 같은 이치다). 밥 옆쪽에는 가급적이면 두부, 콩, 생선, 달걀, 육류와 같은 단백질 반찬을 담는다. 단백질 반찬이 준비되지 않았다면 저지방 우유나 요구르트로 대신해도 된다. 김치나 멸치처럼 염분이 높은 반찬은 보다 작은 섹션에, 채소, 나물, 해조류같이 식이섬유가 많고 칼로리가 적은 것은 보다 큰 섹션에 담으면 음식량 조절이 쉽다.

한식용 식판은 섹션이 4~5개로 나뉘어 있어 밥 이외의 반찬을 서너 가지 담을 수 있는 스타일이 좋고, 양식용이나 샐러드가 메인이 되는 식사를 할 때는 섹션이 2~3개로 나뉜 식판이 편하다. 양식 스타일 식단의 경우 메인 요리는 가장 큰 섹션에 담고 서브 요리 1~2개는 작은 섹션에 담게 되는데 이때 역시 염분이 높은 요리를 가장 작은 섹션에 담아야 음식량이 자연스럽게 조절된다.

★ **한식 다이어트 식판 vs 양식 다이어트 식판**

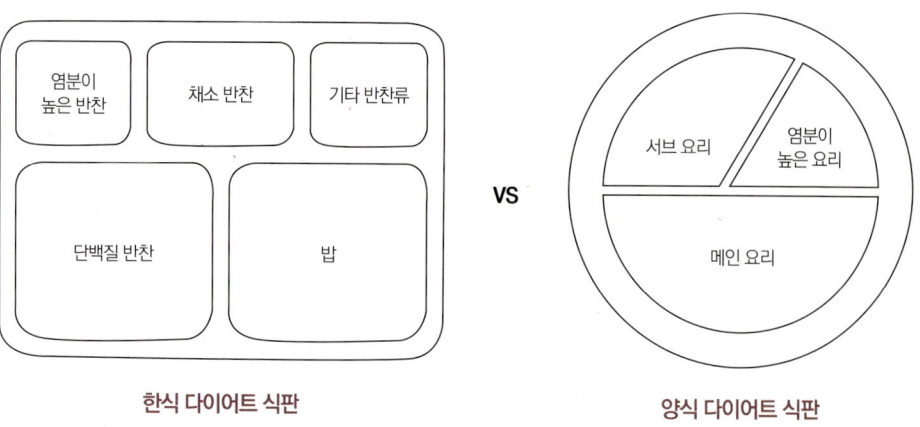

한식 다이어트 식판   양식 다이어트 식판

이처럼 작은 식판을 활용해 반찬 배치만 잘해도 음식량 조절이 저절로 된다. 물론 이 책에서처럼 중량을 정확히 지켜 조리했을 때는 반찬 배치에 크게 신경 쓸 필요 없이 보기 좋게 담아 기분 좋게 즐기면 된다.

점심 도시락으로 건강한 입맛 길들이기

다이어트 중 외식을 하면 음식의 유혹을 떨치지 못하고 과식을 하게 될 공산이 크다. 인내력을 발휘해 과식은 참았다 하더라도 외식 메뉴 중에는 칼로리가 높은 게 대부분이라 자신도 모르는 사이에 정해진 칼로리를 넘기게 된다. 예를 들어 초밥 같은 메뉴도 생선이 들어가 있어 칼로리가 적을 것이라는 예상과는 달리 밥을 꾹꾹 눌러 만들기 때문에 만만치 않은 칼로리(개당 70칼로리)를 가지고 있다. 게다가 짜고 자극적인 음식이 많아 다이어트를 하는 사람들에게는 별 도움이 안 된다. 한식이라 할지라도 인심 좋은 식당 이모를 만나 갖가지 반찬이 넉넉히 담긴 밥상을 만나면 순식간에 칼로리를 넘길 게 뻔하다.

이럴 때 필요한 것이 바로 도시락이다. 도시락은 식판과 마찬가지로 정해진 분량만 먹게 되어 음식량 조절이 저절로 되고 칼로리 섭취도 계획적으로 할 수 있다. 외식 메뉴의 기름지고 자극적인 맛 대신 담백한 집밥에 입맛을 들이는 훈련도 자동으로 이루어진다. 도시락을 쌀 때도 단백질 식품이나 채소 반찬을 가장 큰 섹션에 담고 장아찌나 김치처럼 나트륨이 많은 반찬을 가장 작은 섹션에 담는 것이 요령. 물론 나트륨 과다 섭취의 주범인 찌개나 국은 도시락에서 제외하는 것이 진리다.

다이어트 기간에 '집에서는 식판' '외출할 때는 도시락'을 원칙으로 하여 살찌는 음식들을 멀리하는 입맛과 식습관을 트레이닝해두면 다이어트가 끝난 후에도 요요 없이 건강하고 날씬한 몸매를 유지할 수 있다.

Q7 다이어트 요리를 만들 때는 계량이 중요하겠죠?

▶▶ **정확한 계량을 위해 전자저울, 계량스푼, 계량컵을 준비하세요**

눈대중이나 손대중으로 계량해 손맛 좋은 음식을 만들었다가는 다이어트에 실패하기 십상이다. 더구나 이 책의 다이어트 점수와 디톡스 점수는 모두 식재료의 무게를 기준으로 산출했기 때문에 식품의 무게를 잴 수 있는 전자저울을 준비해두는 것이 좋다. 채소, 곡물, 생선, 고기 등 음식의 주재료는 모두 무게를 기준으로 표기했으며, 경우에 따라 알아보기 쉽도록 일상생활에서 쓰는 단위를 병기했다. 무게를 재기가 너무 까다로운 양념류나 우유, 물 등의 액체류는 계량스푼, 계량컵 단위를 기본으로 사용했다.

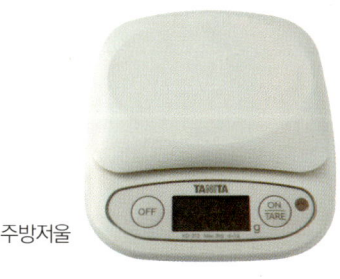
디지털 주방저울

디지털 주방저울

다이어트식을 만들기 위해서는 주방저울이 필수. 눈금 표시가 정확한 계량저울이나 전자저울을 반드시 준비하자. 이 책에서는 채소, 곡물, 생선, 고기 등 음식의 주재료를 대체로 저울로 계량해 표기했으며, 일부는 독자의 이해를 돕기 위해 스푼 단위나 일상생활에서 쓰는 ~개, ~잎 단위를 병기했다.

15cc와 5cc 계량스푼

계량저울로 무게를 달기가 어려운 양념류나 액체류는 계량스푼을 사용해 분량을 쟀다. 1큰술은 15cc, 1작은술은 5cc를 나타낸다. 15cc와 5cc 계량스푼은 반드시 필요하고, 그 밖에 2.5cc나 1cc 등도 있으면 유용하다. 간장, 식초, 기름 등의 액체를 계량하는 법은 그릇 끝 지점에 시작해서 다른 끝에 포물선을 그리듯이 가득 담는 것이다. 설탕, 소금 등의 가루류는 편편하게 밀어서 계량한다. 고추장, 된장과 같이 덩어리가 지는 양념은 자연스럽게 봉긋해지면 계량스푼 주변을 정리해 계량한다. 참고로 이 책에서 '조금'이라고 표기된 것은 대략 ⅒작은술에 해당한다.

200cc 계량컵(양념류, 액체류)

이 책의 1컵은 200cc를 나타내므로, 200cc짜리 계량컵을 준비한다. 주로 물이나 육수, 우유, 두유 등을 계량할 때 컵을 활용했다. 스푼과 마찬가지로 액체를 계량할 때도 컵 끝 지점에 시작해서 다른 끝에 포물선을 그리듯이 담아 분량을 재는 게 요령이고, 설탕, 소금 등의 가루류를 계량할 때는 편편하게 밀어서 재는 게 요령이다.

200cc 계량컵

미니 압력솥

다이어트 중에는 작은 솥에 밥을 조금씩만 해야 더 먹고 싶은 유혹을 피할 수 있다. 다이어트식으로는 주로 현미나 콩, 기타 여러 가지 잡곡이 섞인 밥을 짓게 되므로 압력솥을 이용하는 것이 좋다. 일반 솥에 밥을 안치면 자칫 잘 익지 않거나 밥이 딱딱할 우려가 있다. 적은 양의 밥을 할 때는 밥을 지은 뒤 뚜껑을 연 채로 잠깐 더 가열해 수분을 날려준 다음 다시 뚜껑을 덮어 뜸을 들여 담아야 밥이 고슬고슬하다. 1인분 밥 짓기는 이처럼 방법이 다소 까다롭기 때문에 밥은 가급적 2~4인분을 지어 가족과 함께 먹는 것이 좋다.

2인용 압력솥

코팅 잘된 팬, 작은 냄비

코팅이 아주 잘된 두툼한 프라이팬을 사용하면 기름을 조금만 넣어도 잘 타지 않기 때문에 다이어트의 적인 기름 사용을 줄일 수 있다. 볶을 때 나무나 실리콘 주걱을 사용하고, 마른 행주로 닦아 종이를 올려 보관해야 오래도록 코팅이 벗겨지지 않는다. 작은 것으로 구입해두면 적은 양의 부침, 볶음, 구이 등을 조리할 때 편리하다. 작은 사이즈의 스테인리스 냄비는 국물 요리를 할 때 요긴하다.

코팅 잘된 팬

작은 냄비

CHAPTER 2

살도 잡고, 독소도 잡는
저칼로리 해독 식단

스스로 식단을 짜기에는 너무도 바쁘고 피곤한 다이어터들을 위해 몸무게도 줄이고 독소도 줄이는 일석이조 식단을 제안합니다. 앞서 소개한 '2주 해독 다이어트'를 실현시켜 주는 맞춤형 레시피랍니다. 이 프로그램의 핵심인 클렌징(1일) → 집중 감량(6일) → 지속 감량(6일) → 유지(1일)라는 4단계에 맞춰 순서대로 식단과 레시피를 소개했으므로 그대로 따라 먹기만 하면 어느새 다이어트와 디톡스가 마법처럼 이루어질 거예요. 이왕이면 식판에 담아야 효과 만점이겠죠? 밥상마다 다이어트 점수와 디톡스 점수가 표기되어 있으니 참조하면 더 즐겁게 다이어트할 수 있답니다. 그럼 지금부터 굶지 않고 맛있게 먹으면서 할 수 있는 2주 해독 다이어트에 돌입해볼까요?

1일차  아침

+ 브로콜리밥과 비빔청국장
+ 두부버섯찜
+ 부추숙주나물
+ 무청들기름볶음

다이어트 78.3점
디톡스 94점

무청들기름볶음
부추숙주나물
두부버섯찜
브로콜리밥과 비빔청국장

Dr. 이경영의 식품 노트

청국장

콩 발효 식품인 청국장에는 장 청소 기능을 하는 바실러스 서브틸리스 균이 들어 있어요. 이 균은 산소를 좋아해서 대장에서 산소를 먹어 산소를 싫어하는 유산균이 제대로 활동할 수 있도록 돕는답니다. 따라서 청국장을 먹을 때 김치나 요구르트를 같이 먹으면 좋지요. 바실러스균은 단백질을 흡수가 잘되게 분해하는 역할도 해서 65%인 콩의 흡수율을 95%까지 높여주는데, 이때 나토키나제를 분비시킨답니다. 이 효소는 혈전을 예방하고, 혈액을 깨끗이 청소해요. 이처럼 유익한 바실러스균은 열에 약해서 생으로 먹을 때 혈액 해독 효과가 가장 높답니다.

브로콜리밥과 비빔청국장

재료
브로콜리밥
현미·········· 20g(1⅓큰술)
찰현미········ 10g(2작은술)
브로콜리············ 80g
물················· 1컵
비빔청국장
청국장············ ⅔큰술
다진 파··········· 1작은술
다진 마늘········ ¼작은술
물················· ¼컵

1. 현미와 찰현미는 씻어서 4시간 정도 불린다. 브로콜리는 사방 2cm로 썰어서 끓는 물에 소금을 조금 넣고 데친 다음 찬물에 헹군다.

2. 데친 브로콜리는 잘게 썬다. 불린 현미와 찰현미, 브로콜리, 물을 압력솥에 넣어서 밥을 짓는다.

   Tip 뚜껑을 열어보아 수분이 남아 있으면 뚜껑을 연 채로 가열해 수분을 날린 뒤 뚜껑을 덮어 뜸을 들이세요. 1인분 밥 짓기는 수분 조절이 까다로우므로 가족이 함께 먹을 양의 밥을 짓는 편이 좋답니다.

3. 밥이 지어지는 동안 분량의 재료를 넣고 살짝 끓여 비빔청국장을 만든다.

두부버섯찜

재료
마른 표고버섯····· 20g(2장)
두부 소
두부·············· 40g
참기름··········· ¼작은술
저염소금········· ⅓작은술

1. 마른 표고버섯은 뜨거운 물에 불려 부드러워지면 밑동을 제거한다.

2. 두부는 면보로 싸서 물기를 짠 다음 으깨고 참기름, 소금으로 간을 해 소를 만든다.

3. 1의 버섯의 물기를 제거한 뒤 2의 두부 소를 채운다. 김이 오른 찜통에 올려 5분간 찐다.

부추숙주나물

재료
부추················ 80g
숙주················ 50g
깨소금·········· ½작은술
저염소금············ 조금

1. 숙주는 뿌리를 조금 떼어낸 다음 찬물에 5분간 담가두고, 부추는 다듬어 여러 번 헹궈 찬물에 담가둔다.

2. 냄비의 물이 끓으면 소금을 조금 넣고 숙주를 먼저 데친 다음 찬물에 헹군다. 부추도 소금을 조금 넣고 데쳐서 찬물에 담갔다가 물기를 제거하고 4cm 길이로 썰어놓는다.

3. 부추와 숙주를 믹싱볼에 같이 담은 다음 깨소금을 넣어서 무친다. 맛을 보아 간이 필요하면 소금으로 살짝 간을 해준다.

무청들기름볶음

재료
삶은 무청············ 60g
당근················ 20g
백태(흰콩)····· 10g(2작은술)
다진 마늘········ ¼작은술
들기름············ 1작은술
저염간장·········· 1작은술
물················· 2컵

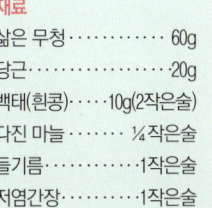

1. 삶은 무청은 물에 헹궈서 4cm로 썰고, 당근은 다져서 준비한다.

2. 백태는 찬물에 2시간 정도 불린 다음 믹서에 간다.

3. 오목한 팬에 무청, 당근, 갈아놓은 백태를 넣은 뒤 마늘, 들기름, 간장을 넣고 무친다. 물을 부어 국물이 거의 졸 때까지 볶아낸다.

1일차   점심

+ 고구마두유구이
+ 콜리플라워샐러드
+ 피망피클

> 다이어트 **100점**
> 디톡스 **100점**

고구마두유구이

콜리플라워샐러드

피망피클

Dr. 이경영의 식품 노트

콜리플라워

브로콜리와 비슷한 모양이라서 흰 브로콜리라고 불리는 콜리플라워에는 황 함유 화합물인 이소티오시아네이트가 들어 있어 간 해독을 돕고 발암물질을 억제해요. 또 비타민 C가 양배추의 두 배쯤 들어 있어 비타민 A가 풍부한 토마토, 비타민 E가 풍부한 올리브오일과 함께 샐러드를 만들면 강력한 항산화 기능을 갖게 되지요. 칼륨이 풍부해서 나트륨 배출을 높여주므로 혈압 조절에도 도움이 됩니다. 콜리플라워의 비타민 C는 수용성이지만 열에 강한 편이라 가열해서 먹어도 괜찮은 것이 장점이에요. 살짝 데쳐 먹는 편이 항암 효과도 더 높답니다. 꽃봉오리보다 줄기에 영양이 풍부하니까 줄기도 함께 조리하세요.

고구마두유구이

재료
- 고구마 … 120g
- 두유 … 4큰술
- 올리브오일 … 1작은술
- 물 … ½컵

1 고구마는 껍질을 벗긴 다음 찬물에 담가둔다.

2 1의 고구마를 모양대로 0.5cm 두께로 썰어서 찬물에 헹군다.

3 팬에 올리브오일을 둘러 고구마를 굽다가 물, 두유를 넣은 뒤 고구마가 다 익고 국물이 거의 졸면 불을 끈다.

콜리플라워샐러드

재료
- 콜리플라워 … 60g
- 토마토 … 20g
- 돌나물 … 10g
- 저염소금 … ⅓작은술
- 식초 … ½작은술
- 올리고당 … 1작은술
- 후춧가루 … 조금
- 올리브오일 … ½작은술

1 콜리플라워는 사방 2cm 크기로 썰어서 끓는 물에 데친 다음 헹군다.

2 돌나물은 씻어 찬물에 담가놓고, 토마토는 사방 2cm 크기로 썰어둔다.

3 콜리플라워를 볼에 담고 소금, 식초, 올리고당, 후춧가루, 올리브오일을 넣어서 버무린 다음 토마토와 돌나물을 넣어서 살살 섞는다.

피망피클

재료
- 청·홍 피망 … 50g씩
- 순무 … 30g

피클주스
- 마늘 … 3g(1쪽)
- 식초 … 1작은술
- 조청 … 1작은술
- 저염소금 … ⅓작은술
- 물 … ⅔컵
- 통후추 … ½작은술
- 월계수잎 … 1장(1g)

1 청·홍 피망과 순무는 각각 사방 1cm 크기로 납작하게 썬다.

2 냄비에 분량의 피클주스 재료를 모두 넣고 끓인다.

3 1의 청·홍 피망과 순무를 한데 담고 2의 뜨거운 피클주스를 부은 뒤 뚜껑을 덮는다. 식힌 후 바로 먹거나 냉장 보관했다가 먹는다.

1단계 강력 청소기

1일차  저녁

+ 흑미콩밥
+ 토란전
+ 매운양배추묵무침
+ 곤약미나리무침

다이어트 **96.3점**
디톡스 **94점**

곤약미나리무침

매운양배추묵무침

흑미콩밥

토란전

Dr. 이경영의 식품 노트

미나리

독특한 향미의 미나리는 해독 프로그램에 빠지지 않는 채소예요. 간이 지쳤을 때 알코올을 만나게 되면 그것을 분해하는 알코올 탈수소 효소의 활성이 떨어지는데요, 이때 미나리에 있는 퍼시카린이라는 플라보노이드 성분이 알코올 대사를 촉진하지요. 농약이나 중금속으로 간이 손상되었을 때도 크산틴 옥시다아제 효소를 활성화해서 해독 작용을 해준답니다. 대표적인 알칼리성식품으로 잦은 밀가루나 육류 섭취로 산성화되기 쉬운 혈액을 중화하는 데도 미나리가 좋지요. 생으로 먹을 때보다 끓는 물에 소금을 넣고 데쳤을 때 해독 작용을 하는 쿼세틴 성분이 60% 이상 증가한다고 해요.

흑미콩밥

재료
- 흑미 10g(2작은술)
- 서리태 5g(1작은술)
- 백태 5g(1작은술)
- 현미 30g(2큰술)
- 물 1½컵

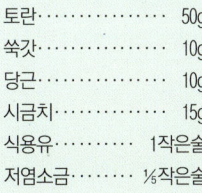
1 흑미, 서리태, 백태, 현미는 모두 깨끗이 씻어서 4시간 동안 불린다.

2 1의 재료와 물을 압력솥에 넣고 밥을 짓는다.

3 압력솥의 추가 2분간 돈 다음 추의 압을 뺀다. 뚜껑을 열고 그대로 가열해서 수분을 날린 뒤 다시 뚜껑을 덮어 뜸을 들인다.

Tip 1인분 밥 짓기는 수분 조절이 까다로우므로 가급적이면 가족이 함께 먹을 양의 밥을 지으세요.

토란전

재료
- 토란 50g
- 쑥갓 10g
- 당근 10g
- 시금치 15g
- 식용유 1작은술
- 저염소금 ⅛작은술

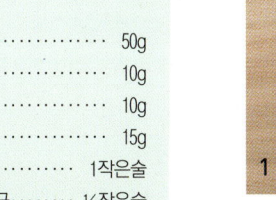
1 토란은 삶아서 껍질을 제거한 다음 찬물에 잠깐 담갔다가 믹서에 곱게 간다.

2 쑥갓, 당근, 시금치는 모두 깨끗이 씻어 잘게 썬다.

3 2의 채소와 1의 토란을 한데 넣고 소금으로 간해 반죽한다. 팬을 달구어 식용유를 조금 두른 다음 반죽을 한 숟가락씩 올려 지진다.

매운양배추묵무침

재료
- 도토리묵 50g
- 양배추 60g
- 케일 10g
- 고춧가루 ½작은술
- 저염소금 ⅛작은술
- 들기름 ¼작은술

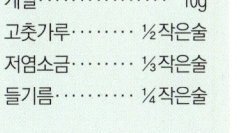
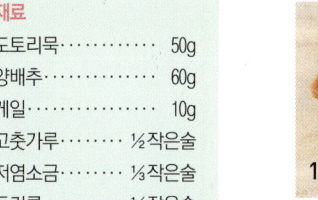
1 도토리묵은 0.5cm 두께, 3cm 길이로 도톰하게 채를 썰어서 찬물에 헹궈둔다.

2 양배추와 케일은 채를 썬 다음 찬물에 담갔다가 물기를 제거한다.

3 믹싱볼에 도토리묵과 양배추, 케일을 넣은 다음 고춧가루, 소금, 들기름을 넣어서 무친다.

곤약미나리무침

재료
- 실곤약 100g
- 미나리 20g
- 참기름 ⅓작은술
- 저염소금 ⅛작은술

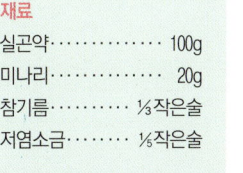

1 실곤약은 끓는 물에 데친 다음 찬물에 헹궈서 4cm 길이로 썬다.

2 미나리는 다듬어 씻어 끓는 물에 소금을 조금 넣고 데친 다음 찬물에 얼른 헹군다. 물기를 제거하고 4cm 길이로 썬다.

3 믹싱볼에 1의 실곤약과 2의 미나리, 참기름을 넣어서 무친다. 맛을 보아 간이 필요하면 소금으로 살짝 간을 해준다.

1단계 강력 청소기

1일차 간식 오전

우엉칩

Dr. 이경영의 식품 노트

우엉

뿌리채소 중 식이섬유가 가장 많은 우엉은 포만감 형성과 변비 예방에 효과가 있어요. 우엉을 잘 랐을 때 끈적거리는 성분인 리그닌도 식이섬유인데 얇게 썰면 리그닌이 많이 생성돼 혈당과 콜레스테롤 수치를 떨어뜨리지요. 평소 육류를 즐겼다면 동물성 식품이 금지된 1단계 클렌징 기간에는 우엉으로 씹는 맛과 포만감을 함께 늘려보세요. 말린 우엉을 볶아 차로 마시는 것 역시 비만 예방에 도움이 된답니다. 우엉은 성질이 차기 때문에 장이 예민해서 설사를 자주 하는 분들은 너무 많이 섭취하지 마세요.

재료
우엉 ············ 80g

1
우엉은 껍질을 벗긴 다음 식촛물(물 1컵+식초 1작은술)에 담갔다가 어슷하게 썰어둔다.

2
냄비의 물이 끓으면 1의 우엉을 넣어서 5분 정도 삶는다.

3
2의 우엉을 헹군 다음 물기를 제거해서 건조기에 바삭하게 말린다. 건조한 날에는 선풍기 바람을 12시간 이상 쏘이면 잘 마른다.

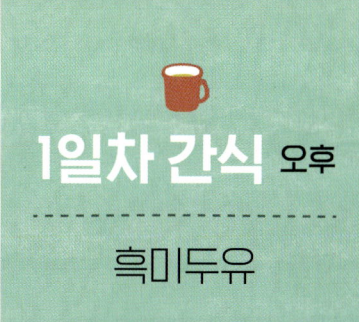

1일차 간식 오후

흑미두유

Dr. 이경영의 식품 노트

두유, 흑미

두유는 제조 과정에서 소화를 방해하는 콩 껍질과 효소가 제거되기 때문에 먹어도 속이 불편해지지 않아요. 그래서 우유를 먹으면 설사를 하거나 속이 불편한 유당불내증이 자주 나타나는 동양인에게 대안으로 제시되지요. 심혈관 건강을 위협하는 포화지방산이 들어 있는 우유와는 달리 불포화지방산이 많고 여성호르몬 유사 효과를 가진 이소플라본이 풍부하여 오히려 심혈관 질환과 골다공증 예방에 효과적이랍니다. 또 필수아미노산이 풍부하여 육류를 금지하는 해독 프로그램에 많이 활용되지요. 시판 두유를 구입할 때는 당분이 적게 든 것을 선택해야 다이어트 효과가 있답니다.

최근엔 두유에 견과류나 흑미를 첨가하여 마시는 분들이 많은데, 흑미에 풍부한 안토시아닌 성분은 환경독소라고 할 수 있는 활성산소의 제거 능력을 키우는 데 도움이 돼요. 또한 스마트폰 사용으로 급격히 떨어지는 시력을 회복하는 데에도 안토시아닌이 효과적이죠. 흑미는 현미보다 식이섬유와 단백질 함량이 높아 식사량을 갑자기 줄일 때 많이 권장한답니다.

재료

- 두유 ½컵
- 흑미 10g(2작은술)
- 물 2컵

1 흑미는 씻은 다음 물 2컵을 붓고 그대로 2시간 정도 불린다.

2 1의 흑미는 불린 물과 함께 냄비에 담아 중약불에서 푹 익도록 끓인다.

3 2의 끓인 흑미의 물이 거의 줄면 두유와 같이 믹서에 넣어 곱게 간다.

2일차 아침

+ 메밀현미밥
+ 북어마늘볶음
+ 콩나물잡채
+ 미역무무침

다이어트 100점
디톡스 100점

콩나물잡채
미역무무침
메밀현미밥
북어마늘볶음

Dr. 이경영의 식품 노트

메밀

메밀은 알레르기를 유발할 수 있는 글루텐 성분이 없고 탄수화물 중독증을 유발하지 않아서 빵이나 면을 대체하기에 좋아요. 또 현미에 비해 단백질이 두 배나 들어 있고 필수아미노산도 풍부한 반면 칼로리는 적어서 현미밥을 지을 때 넣으면 영양 균형에도 도움이 되지요. 현미나 메밀 모두 식이섬유가 풍부하여 양이 적어도 포만감을 줘서 다이어터들에게 사랑받아요. 현미의 자연스러운 짠맛이 나트륨 섭취를 줄여주고 메밀의 루틴이 안지오텐신 활성을 낮춰 혈압을 떨어뜨리므로, 특히 혈압이 높아지기 쉬운 중년의 다이어터에게 권해드립니다.

메밀현미밥

재료
- 메밀 10g(2작은술)
- 발아현미 35g(2⅓큰술)
- 찰현미 5g(1작은술)
- 물 1½컵

1. 메밀, 발아현미, 찰현미는 깨끗이 씻어서 4시간 동안 불린다.
2. 1의 재료와 물을 압력솥에 넣고 밥을 짓는다. 추가 2분간 돈 다음 불을 끄고 압을 뺀다.
3. 뚜껑을 열어보아 수분이 남아 있으면 뚜껑을 연 채로 가열해서 수분을 날린 뒤 뚜껑을 덮어 5분간 뜸을 들인다.

Tip 1인분 밥 짓기는 수분 조절이 까다로우므로 가급적이면 가족이 함께 먹을 양의 밥을 지으세요.

북어마늘볶음

재료
- 북어채 20g
- 마늘 10g(3쪽)
- 홍고추 10g(⅔개)
- 참기름 ½작은술
- 물 ⅓컵

1. 북어채는 물에 1분 정도 담갔다가 물기를 꼭 짠다.
2. 1의 북어채를 2cm 길이로 자른다. 마늘은 편으로, 홍고추는 어슷하게 썬다.
3. 팬에 물을 넣고 마늘을 볶다가 2의 북어, 홍고추를 넣고 좀 더 볶아 참기름을 넣고 뒤적인다.

콩나물잡채

재료
- 콩나물 60g
- 청·홍 피망 13g씩
- 양파 13g
- 다진 마늘 ½작은술
- 저염소금 ⅓작은술
- 후춧가루 조금
- 참기름 ⅓작은술
- 물 ¼컵

1. 콩나물은 다듬어서 찬물에 5분간 담갔다가 냄비에 물(4큰술)과 같이 넣고 뚜껑을 덮어 3분 정도 익힌다.
2. 청·홍 피망과 양파는 4cm 길이로 곱게 채를 썰어서 준비한다.
3. 팬에 물을 붓고 다진 마늘을 넣어 콩나물을 볶다가 청·홍 피망, 양파, 소금, 후춧가루를 넣어 마저 볶는다. 참기름을 넣고 살짝 뒤적인다.

미역무무침

재료
- 마른 미역 10g
- 무 50g
- 들기름 1작은술

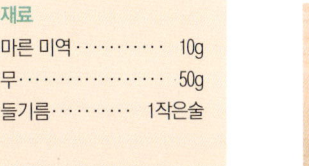   

1. 마른 미역은 물에 1분간 불린 다음 바락바락 주물러 씻어서 물기를 제거하고 사방 1cm 크기로 썬다.
2. 무는 두께 0.5cm, 길이 4cm 크기로 채 썰어둔다.
3. 믹싱볼에 미역, 무를 담고 들기름을 넣어 무친다.

2단계 집중 감량기

2일차  점심

+ 낙지달걀볶음밥
+ 오이생채
+ 김자반

다이어트 **89점**
디톡스 **80.3점**

김자반 ←

오이생채

낙지달걀볶음밥

Dr. 이경영의 식품 노트

낙지
낙지에 풍부한 타우린 성분은 혈압을 떨어뜨리고 손상된 간을 해독할 뿐 아니라 콜레스테롤을 줄이는 역할도 한답니다. 낙지나 오징어를 데친 국물을 버리지 말고 육류를 데칠 때 사용하면 국물 속 타우린이 육류의 콜레스테롤을 배출시키는 데 도움을 주지요. 낙지는 곁가지 아미노산(BCAA)이 풍부하여 근육 합성 효과를 높이는 데다가 지방은 8% 정도인 저지방 식품이라서 다이어터들이 가까이해야 할 식품이라고 할 수 있어요. 신진대사를 높여주는 식품이므로 해조류 중 에너지 대사를 높이는 요오드 성분이 가장 많은 다시마와 함께 먹으면 최상의 에너지 대사 시스템을 만들 수 있답니다.

낙지달걀볶음밥

재료
- 낙지 ············ 40g
- 달걀 ············ 1개
- 피망 ············ 20g
- 바질씨앗 ······ 1작은술
- 포도씨유 ······ 2작은술
- 물 ············· ⅓컵

발아현미밥
- 발아현미 ···· 50g(3⅓큰술)
- 물 ············· 1½컵

1. 낙지는 밀가루(1큰술)로 바락바락 문질러 깨끗하게 씻어서 물기를 제거한 다음 사방 3cm 크기로 썰어둔다. 분량의 재료로 발아현미밥을 지어놓는다.

2. 달걀을 볼에 깨뜨린 뒤 잘 섞어 달걀물을 만든다. 팬에 포도씨유를 두른 다음 달걀물을 붓고 휘저어 스크램블을 만든다. 피망은 사방 0.5cm로 썰어둔다.

3. 팬에 물을 넣고 썰어둔 낙지를 볶다가 발아현미밥, 달걀 스크램블, 피망, 바질씨앗을 넣고 마저 볶은 다음 불을 끈다.

오이생채

재료
- 오이 ············ 70g
- 식초 ············ 1작은술
- 저염소금 ······ ⅓작은술

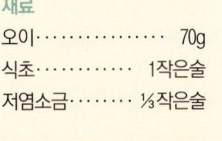
1. 오이는 겉의 돌기를 필러로 살짝 벗긴 다음 0.3cm 두께로 썬다.

2. 썰어둔 오이를 물에 헹군 뒤 물기를 닦아 믹싱볼에 담는다.

3. 2에 식초, 소금을 넣어서 버무린다.

김자반

재료
- 김 ············· 1장
- 참기름 ········ ⅓작은술
- 깨소금 ········ ¼작은술

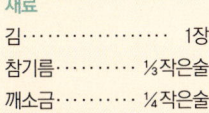

1. 김은 사방 2cm 크기로 잘게 뜯어둔다.

2. 믹싱볼에 1의 김과 참기름을 넣어서 기름이 잘 배도록 무친다.

3. 팬에 2의 김을 넣어서 바삭하게 볶은 다음 깨소금을 넣는다.

2일차  저녁

+ 모둠콩밥
+ 조기조림
+ 피망잡채
+ 매생이숙주무침

다이어트 98.6점
디톡스 100점

모둠콩밥
매생이숙주무침
피망잡채
조기조림

Dr. 이경영의 식품 노트

조기

고단백 저지방 생선인 조기는 곁가지 아미노산(BCAA)이 풍부하여 다이어트 중 필요한 근육을 만드는 데 꼭 필요해요. 조려서 먹으면 조기 뼈 속에 있는 칼슘이 녹아서 나오므로, 풍부한 칼슘을 섭취하기에 유리하지요. 조림을 할 때는 나트륨 함량을 높이는 간장은 줄이는 대신 채소와 마늘을 듬뿍 넣어 맛을 내주세요. 조기는 소화가 잘되는 편이라 속도 편하고 다이어트 중에 부족한 양질의 필수아미노산을 보충할 수 있어 좋답니다. 조기를 소금에 절여서 만든 굴비는 조기에 비해 지방이 많고 나트륨 함량이 높으니 가급적이면 생물 조기를 선택해주세요.

모둠콩밥

재료

- 발아현미 ···· 35g(2⅓큰술)
- 백태(흰콩) ···· 5g(1작은술)
- 생울타리콩 ···· 10g(1큰술)
- 생완두콩 ······ 10g(1큰술)
- 물 ················ 1⅔컵

1

발아현미와 백태는 깨끗이 씻어서 4시간 동안 불린다.

2

1의 재료와 울타리콩, 완두콩, 물을 압력솥에 넣고 밥을 짓는다. 추가 2분간 돈 다음 불을 끄고 압을 뺀다.

3

뚜껑을 열어보아 수분이 남아 있으면 뚜껑을 연 채로 가열해서 수분을 날린 뒤 뚜껑을 덮어 5분간 뜸을 들인다.

Tip! 1인분 밥 짓기는 수분 조절이 까다로우므로 가급적이면 가족이 함께 먹을 양의 밥을 지으세요.

조기조림

재료

- 조기(포 뜬 것) ······· 100g
- 무 ······················ 40g

조림장

- 홍고추 ·········· 14g(1개)
- 다진 마늘 ······· ½작은술
- 다진 파 ··········· ⅘큰술
- 후춧가루 ············ 조금
- 물 ····················· 1컵

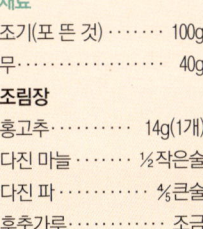

1

조기는 비늘, 지느러미, 내장을 제거한 다음 살만 포 떠서 3cm 길이로 토막 내고, 무도 도톰하게 토막을 낸다.

Tip! 조기를 구입할 때 포를 떠달라고 하면 편하답니다.

2

홍고추는 잘게 썰어서 믹서에 물과 같이 간 다음 다진 마늘, 다진 파, 후춧가루를 넣고 잘 섞어 조림장을 만든다.

3

냄비에 무를 깔고 조기를 올린 다음 2의 조림장을 끼얹어서 자작하게 조린다.

피망잡채

재료

- 청피망 ·············· 25g
- 홍피망 ·············· 17g
- 양파 ················ 25g
- 다진 마늘 ······· ½작은술
- 저염소금 ········ ⅓작은술
- 참기름 ·········· ¼작은술
- 물 ·················· ⅓컵

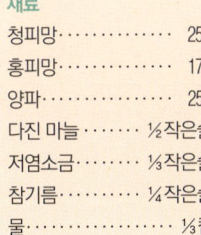

1

청·홍 피망은 씨를 제거한 다음 채를 썰어둔다.

2

양파는 곱게 채를 썬다.

3

팬에 물을 넣고 다진 마늘을 볶다가 양파와 청·홍 피망을 넣어 볶는다. 소금, 참기름을 넣어서 한 번 더 볶는다.

매생이숙주무침

재료

- 매생이 ················ 5g
- 숙주 ················· 50g
- 다진 마늘 ······· ⅓작은술
- 참기름 ·········· ⅓작은술

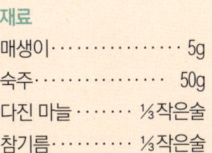

1

매생이는 깨끗하게 씻은 다음 물기를 제거하고 잘게 다져둔다.

2

숙주는 다듬어 씻은 다음 찬물에 5분간 담갔다가 삶아서 식힌다.

3

믹싱볼에 2의 숙주와 매생이, 다진 마늘, 참기름을 넣어서 무친다.

3일차  아침

+ 매생이발아현미밥
+ 닭가슴살청경채볶음
+ 열무무침
+ 양송이홍고추조림

다이어트
96.4점

디톡스
94점

열무무침
매생이발아현미밥
닭가슴살청경채볶음
양송이홍고추조림

Dr. 이경영의 식품 노트

매생이

매생이는 고알칼리성식품으로 육류나 밀가루 등의 산성식품을 장기간 섭취해 산성화된 체질을 개선하는 데 효과적이에요. 산성이 강한 닭고기를 먹을 때 매생이를 함께 먹으면 우리 몸을 중화시켜 pH 밸런스를 맞춰 피로를 줄여주지요. 아스파라긴산이 콩나물보다 많이 함유되어 있어 숙취 해소와 간 기능 개선에도 도움이 되고, 요오드 성분이 풍부하여 에너지 대사를 높이는가 하면 철분이 풍부해 빈혈 예방 효과도 있답니다. 청정한 바다에서 자라는 해독 식품이므로, 제철인 겨울에 넉넉히 구입해서 냉동실에 한 끼 분량씩 얼려두세요.

재료
- 발아현미 … 35g(2½큰술)
- 찰현미 … 10g(2작은술)
- 매생이 … 10g
- 물 … 1⅓컵

매생이발아현미밥

1
발아현미, 찰현미는 깨끗이 씻어서 4시간 동안 불린다. 매생이는 깨끗하게 씻은 다음 물기를 제거하고 잘게 다진다.

2
압력솥에 발아현미, 찰현미, 매생이, 물을 담고 불에 올려서 추가 2분간 돈 다음 불을 끈다.

3
압을 뺀 뒤 뚜껑을 열어보아 수분이 남아 있으면 뚜껑을 연 채로 가열해서 수분을 날린 뒤 뚜껑을 덮어 5분간 뜸을 들인다.

Tip 1인분 밥 짓기는 수분 조절이 까다로우므로 가급적이면 가족이 함께 먹을 양의 밥을 지으세요.

재료
- 닭가슴살 … 70g
- 청경채 … 50g
- 다진 마늘 … 1작은술
- 저염간장 … ½작은술
- 깨소금 … ⅓작은술
- 물 … ½컵

닭가슴살청경채볶음

1
닭가슴살은 씻어서 물기를 제거한 다음 0.5cm 두께로 썰어둔다.

2
청경채도 씻어서 물기를 제거한 다음 3cm 길이로 자른다.

3
팬에 물을 넣고 다진 마늘을 볶다가 닭가슴살, 간장을 넣어서 닭가슴살이 익을 정도로 볶은 다음 청경채, 깨소금을 넣고 조금 더 볶는다.

재료
- 열무 … 100g
- 저염소금 … ⅓작은술
- 후춧가루 … 조금
- 들기름 … ½작은술

열무무침

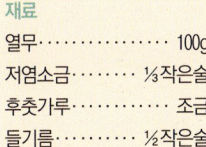
1
열무는 다듬어 씻은 다음 끓는 물에 소금을 조금 넣고 데쳐서 찬물에 얼른 헹군다.

Tip 푸른빛 채소는 데친 뒤 찬물에 재빨리 담가야 색이 곱고 맛도 좋답니다.

2
데친 열무는 물기를 제거한 다음 4cm 길이로 썰어둔다.

3
믹싱볼에 열무를 넣고 소금, 후춧가루, 들기름을 넣어서 무친다.

재료
- 양송이 … 100g

조림장
- 홍고추 … 14g(1개)
- 저염간장 … ½작은술
- 올리고당 … 1큰술
- 물 … ¼컵

양송이홍고추조림

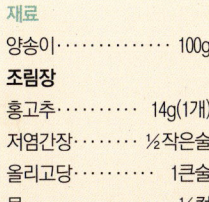
1
양송이는 겉껍질을 벗긴 다음 편으로 썰어둔다.

Tip 양송이를 기둥 쪽에서 칼로 살살 긁으면 쉽게 겉껍질을 벗길 수 있어요.

2
홍고추는 잘게 썰어서 믹서에 물과 같이 넣고 곱게 간 뒤 간장, 올리고당을 넣고 섞어 조림장을 만든다.

3
팬에 1의 양송이를 넣고 2의 조림장을 끼얹어서 자작하게 조린다.

3일차  점심

+ 북어밥과 달래장
+ 오색채소볶음
+ 파래김자반

다이어트
95.9점

디톡스
94점

오색채소볶음

파래김자반

북어밥과 달래장

Dr. 이경영의 식품 노트

북어

북어는 닭가슴살 다음으로 곁가지 아미노산(BCAA)이 풍부해서 근육량을 늘려주고 에너지 대사를 높이는 식품이라 할 수 있어요. 곁가지 아미노산인 이소류신, 류신, 발린은 간에서 대사되지 않고 직접 근육으로 흡수되기 때문에 기아 상태에서도 최후까지 근육을 지켜주는 고마운 아미노산이지요. 더불어 간 해독에 효과적인 메티오닌도 풍부해서 고강도 다이어트로 간이 지칠 때 챙겨 먹으면 좋답니다. 다이어트 중 소화가 안 될 때도 도움을 주지요.

재료

북어밥
- 북어채 ············ 10g
- 발아현미 ···· 35g(2⅓큰술)
- 찰현미 ······ 10g(2작은술)
- 물 ·············· 1½컵

달래장
- 달래 ············· 10g
- 다시마 우린 물 ······ 1큰술
- 저염간장 ········ ½작은술
- 들기름 ·········· ½작은술

북어밥과 달래장

1 북어채는 헹군 다음 2cm 길이로 썰고, 발아현미와 찰현미는 씻어서 4시간 정도 물에 불린다.

2 압력솥에 북어채와 불린 쌀, 물을 넣고 밥을 짓는다. 추가 2분간 돈 다음 불을 끄고 압을 뺀다. 뚜껑을 열어 그대로 가열해서 수분을 날린 뒤 뚜껑을 덮어 뜸을 들인다.
Tip 1인분 밥 짓기는 수분 조절이 까다로우므로 가급적이면 가족이 함께 먹을 양의 밥을 지으세요.

3 달래는 씻어서 잘게 다진 다음 나머지 재료와 섞어 양념장을 만든다. 북어밥에 달래장을 곁들여 낸다.
Tip 다시마 우린 물은 다시마를 찬물에 30분간 담갔다가 그대로 불에 올려 거품이 날 정도로만 가열해 만들어요.

재료
- 목이버섯 ········· 2장(4g)
- 무 ··············· 40g
- 당근 ·············· 25g
- 피망 ·············· 25g
- 노랑 파프리카 ······· 50g
- 저염소금 ········ ¼작은술
- 참기름 ·········· 1작은술
- 물 ··············· ⅓컵

오색채소볶음

1 목이버섯은 찬물에 불린 다음 배꼽을 제거하고 사방 3cm 크기로 뜯어둔다.

2 무, 당근, 피망, 파프리카는 2×3cm 크기로 얇게 썰어둔다.

3 팬에 물을 넣고 채소와 버섯을 볶다가 물이 거의 없어지면 소금, 참기름을 넣고 섞는다.

재료
- 자반 김 ············ 5g
- 포도씨유 ········ ½큰술
- 깨소금 ·········· ½작은술

파래김자반

1 자반용 파래김은 잡티를 고르고 잘게 뜯어 불순물을 제거한다.

2 믹싱볼에 1의 김과 포도씨유를 넣어서 잘 무쳐둔다.

3 팬을 달군 다음 2의 김을 넣어서 바삭하게 볶는다. 불을 끄고 깨소금을 뿌린다.

3일차  저녁

+ 모둠콩밥
+ 닭가슴살샐러드
+ 다시마낙지말이
+ 매콤시금치무침

다이어트 88.6점
디톡스 100점

→ 매콤시금치무침
→ 모둠콩밥
→ 닭가슴살샐러드
→ 다시마낙지말이

Dr. 이경영의 식품 노트

다시마

다시마낙지말이는 다시마의 강한 알칼리 성분이 낙지의 산성을 중화해 피로도를 낮춰주는 메뉴예요. 다시마에는 갑상선 호르몬의 재료가 되는 요오드가 풍부합니다. 해조류의 요오드 함량은 '김 < 파래 < 미역 < 다시마'순으로 많은데, 다시마의 경우 미역보다 열 배 이상 요오드가 많지요. 또 다시마의 풍부한 식이섬유는 디톡스에 효과적이에요. 대부분 불용성이라 장운동을 촉진하고 장에 있는 유해 성분을 배출해 해독을 돕는답니다. 다시마의 수용성 식이섬유인 알긴산은 혈액 속 당과 콜레스테롤을 줄여 디톡스를 돕지요. 알긴산은 열에 약하니까 다시마냉차 등으로 가열 없이 조리하면 더 좋답니다.

모둠콩밥

재료
- 발아현미 35g(2⅓큰술)
- 백태 5g(1작은술)
- 생울타리콩 10g(1큰술)
- 생완두콩 10g(1큰술)
- 물 1⅔컵

1. 발아현미와 백태는 깨끗이 씻어서 4시간 동안 불린다.

2. 1의 재료와 울타리콩, 완두콩, 물을 압력솥에 넣고 밥을 짓는다. 추가 2분간 돈 다음 불을 끄고 압을 뺀다.

3. 뚜껑을 열어보아 수분이 남아 있으면 뚜껑을 연 채로 가열해서 수분을 날린 뒤 뚜껑을 덮어 5분간 뜸을 들인다.

Tip 1인분 밥 짓기는 수분 조절이 까다로우므로 가급적이면 가족이 함께 먹을 양의 밥을 지으세요.

닭가슴살샐러드

재료
- 닭가슴살 70g
- 상추 20g
- 치커리 20g
- 어린잎채소 15g

드레싱
- 다진 마늘 ⅓큰술
- 올리고당 2작은술
- 후춧가루 조금
- 식초 ½큰술
- 저염소금 ⅓작은술

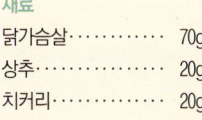

1. 닭가슴살은 찬물에 담가 핏물을 제거한 뒤 끓는 물에 데쳐 건진다. 데친 닭가슴살을 끓는 물에 30분간 삶아서 먹기 좋게 찢어둔다.

2. 상추와 치커리는 씻어 2cm 길이로 썬 다음 찬물에 담갔다가 물기를 제거한다. 어린잎채소도 씻어서 물기를 제거한다.

3. 분량의 드레싱 재료를 잘 섞는다. 채소와 닭가슴살을 그릇에 보기 좋게 담고 그 위에 드레싱을 끼얹어낸다.

다시마낙지말이

재료
- 염장 다시마 20g
- 낙지 70g

1. 염장 다시마는 씻은 다음 찬물에 우려 짠맛을 제거하고 2cm 길이로 썬다.

2. 낙지는 밀가루(1큰술)로 바락바락 문질러 씻은 다음 끓는 물에 데쳐 4cm 길이로 썬다.

3. 도마에 다시마를 펼치고 낙지를 올려 돌돌 만다.

매콤시금치무침

재료
- 시금치 60g
- 고춧가루 1작은술
- 저염소금 ⅓작은술
- 깨소금 1작은술

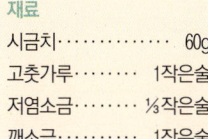

1. 시금치는 겉잎을 다듬어 씻은 뒤 3cm 길이로 썬다.

2. 냄비에 소금을 조금 넣고 시금치를 넣어서 데친 다음 찬물에 여러 번 헹궈 물기를 꼭 짠다.

3. 믹싱볼에 데친 시금치, 고춧가루, 소금, 깨소금을 넣어서 무친다.

4일차  아침

+ 메밀현미밥
+ 갈치양념구이
+ 깻잎콩가루찜
+ 얼갈이생채

> 다이어트 93.7점
> 디톡스 100점

깻잎콩가루찜
얼갈이생채
메밀현미밥
갈치양념구이

Dr. 이경영의 식품 노트

갈치

다이어트 중 사라지기 쉬운 근육을 확보해주는 이소류신, 류신, 발린과 같은 곁가지 아미노산(BCAA)은 갈치에도 많이 함유되어 있어요. 갈치는 불포화지방산인 DHA와 EPA의 함량이 많아 혈전을 예방하고 피를 맑게 해주지요. 인산이 많은 강한 산성식품이기 때문에 단독으로 먹는 것보다 파, 얼갈이 같은 강알칼리성 채소와 함께 먹어 중화하는 것이 해독에 도움이 되지요. 갈치의 표면에 있는 은백색 물질은 유기 염료인 구아닌으로 해독에 방해가 되며 복통, 두드러기를 일으킬 수 있으니 반드시 제거해주세요.

메밀현미밥

재료
메밀······ 10g(2작은술)
발아현미··· 35g(2⅓큰술)
찰현미····· 5g(1작은술)
물·············· 1½컵

1
메밀, 발아현미, 찰현미는 깨끗이 씻어서 4시간 동안 불린다.

2
1의 재료와 물을 압력솥에 넣고 밥을 짓는다. 추가 2분간 돈 다음 불을 끄고 압을 뺀다.

3
뚜껑을 열어보아 수분이 남아 있으면 뚜껑을 연 채로 가열해서 수분을 날린 뒤 뚜껑을 덮어 5분간 뜸을 들인다.

Tip! 1인분 밥 짓기는 수분 조절이 까다로우므로 가급적이면 가족이 함께 먹을 양의 밥을 지으세요.

갈치양념구이

재료
갈치·············· 100g
구이 양념
쪽파········· 5g(1줄기)
깨소금········ ½작은술
저염간장······ ½작은술
후춧가루········· 조금

1
갈치는 내장을 제거한 다음 비늘을 긁어둔다.

2
손질한 갈치를 씻어 물기를 제거한 뒤 칼집을 넣는다.

3
쪽파는 송송 썰어 볼에 담은 뒤 간장, 깨소금, 후춧가루를 넣고 섞어 구이 양념을 만든다. 갈치를 구운 다음 그 위에 양념을 고루 끼얹어서 타지 않도록 노릇하게 굽는다.

깻잎콩가루찜

재료
깻잎·············· 70g
콩가루··········· 1큰술
저염소금······ ⅓작은술

1
깻잎은 씻어서 찬물에 5분간 담갔다가 건져 물기를 뺀다.

2
준비한 깻잎을 3cm로 썰어 볼에 담고 콩가루, 소금을 넣어 무친다.

3
김이 오른 찜통에 2의 깻잎을 넣어서 5분간 찐 다음 그릇에 담는다.

Tip! 식성에 따라 겨자장이나 초간장을 곁들여 내세요.

얼갈이생채

재료
얼갈이············ 70g
다진 마늘····· ½작은술
고춧가루······ ½작은술
식초············ 1작은술
저염소금······ ⅓작은술

1
얼갈이는 다듬어서 찬물에 헹군 다음 물기를 제거한다.

2
준비한 얼갈이를 3cm 길이로 썰어 놓는다.

3
믹싱볼에 얼갈이를 담고 마늘, 고춧가루, 식초, 소금을 넣어 버무린다.

2단계 | 집중 감량기

4일차  점심

+ 닭고기버섯밥
+ 양상추요구르트샐러드
+ 마늘종볶음

다이어트 94점
디톡스 94점

← 양상추요구르트샐러드

← 닭고기버섯밥

마늘종볶음 →

Dr. 이경영의 식품 노트

닭가슴살
트레이너들이 가장 애용하는 식품인 닭고기는 필수아미노산 중 특히 곁가지 아미노산(BCAA)이 풍부해서 근육 합성률을 높이는 데 효과적이에요. 또한 닭가슴살에 풍부한 나이아신은 단백질 대사를 도와주니 근육 만들기에 최고 식품이라 할 수 있지요. 닭고기는 콜레스테롤과 지방 함량이 다른 육류에 비해 적은 편인데, 특히 가슴살은 지방이 거의 없고 칼로리도 낮아 다이어터들에게 사랑받아요.

닭고기버섯밥

재료
- 현미 ······ 35g(2⅓큰술)
- 찰현미 ····· 10g(2작은술)
- 마른 표고버섯 ··· 5g(½장)
- 닭가슴살 ······· 70g
- 물 ·········· 1⅓컵

1. 현미, 찰현미는 4시간 정도 불린다. 마른 표고버섯은 뜨거운 물에 불린 다음 사방 1cm 크기로 썰어둔다.

2. 닭가슴살은 표고버섯과 같은 크기로 썬다.

3. 현미, 찰현미, 닭가슴살, 표고버섯을 압력솥에 넣고 물을 부어 밥을 짓는다. 추가 2분간 돈 다음 불을 끄고 압을 뺀다. 뚜껑을 열어보아 수분이 남아 있으면 그대로 가열해서 수분을 날린 뒤 뚜껑을 덮어 5분간 뜸을 들인다.

Tip 1인분 밥 짓기는 수분 조절이 까다로우므로 가급적이면 가족이 함께 먹을 양의 밥을 지으세요.

양상추요구르트샐러드

재료
- 양상추 ··········· 50g
- 오이 ············· 20g
- 아몬드 ········· 6g(6개)
- 호두 알맹이 ····· 6g(2알분)
- 떠먹는 요구르트(플레인)
  ·········· 20g(1⅓큰술)

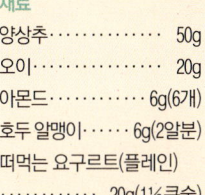
1. 양상추는 겉잎을 떼고 씻어 5분간 물에 담가둔다.

2. 양상추를 건져 물기를 턴 후 사방 3cm 크기로 뜯어둔다. 오이는 둥근 모양을 살려 썬 다음 물에 헹궈서 물기를 제거한다.

3. 기름을 두르지 않은 팬에 아몬드와 호두를 볶는다. 접시에 양상추, 오이를 담고 요구르트를 뿌린 뒤 아몬드, 호두를 올린다.

마늘종볶음

재료
- 마늘종 ··········· 60g
- 홍고추 ········ 14g(1개)
- 다진 마늘 ······· ⅓작은술
- 저염소금 ······· ⅓작은술
- 깨소금 ········· ½작은술
- 물 ··············· ⅓컵

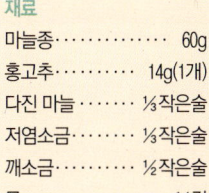
1. 마늘종은 4cm 길이로 썬다.

2. 홍고추는 어슷하게 썰어둔다.

3. 팬에 물을 넣고 1의 마늘종을 볶다가 다진 마늘, 홍고추, 소금을 넣고 더 볶은 다음 불을 끄고 깨소금을 넣어서 버무린다.

2단계 집중 감량기

4일차  저녁

+ 모둠콩밥
+ 단호박두부찜
+ 브로콜리초무침
+ 미역미나리무침

다이어트 **95.4점**
디톡스 **94점**

단호박두부찜
브로콜리초무침
미역미나리무침
모둠콩밥

Dr. 이경영의 식품 노트

미역
미역은 풍부한 요오드 성분 덕분에 에너지 대사 기능이 떨어진 산모들의 기력 회복에 좋아요. 출산 후에는 독소 배출 능력이 떨어지는데, 미역의 끈적한 성분인 알긴산은 몸속에 쌓인 중금속, 콜레스테롤, 당의 배출을 돕고 나트륨을 흡수해서 혈압을 낮춰주지요. 미역은 담배의 니코틴 해독에도 효과가 있어 산모뿐 아니라 흡연자에게도 유익하답니다. 이 밖에 미역, 특히 마른 미역은 칼슘이 우유보다 풍부해 골다공증 예방에 좋습니다. 염장 상태에서는 나트륨 함량이 많아지니까 가급적 신선한 물미역을 사고, 염장 미역을 샀을 때는 찬물에 담가 소금기를 빼고 조리하세요.

모둠콩밥

재료
- 발아현미 …… 35g(2⅓큰술)
- 백태 ……… 5g(1작은술)
- 생울타리콩 … 10g(1큰술)
- 생완두콩 …… 10g(1큰술)
- 물 ………… 1⅔컵

1. 발아현미와 백태는 깨끗이 씻어서 4시간 동안 불린다.
2. 1의 재료와 울타리콩, 완두콩, 물을 압력솥에 넣고 밥을 짓는다. 추가 2분간 둔 다음 불을 끄고 압을 뺀다.
3. 뚜껑을 열어보아 수분이 남아 있으면 뚜껑을 연 채로 가열해서 수분을 날린 뒤 뚜껑을 덮어 5분간 뜸을 들인다.

Tip 1인분 밥 짓기는 수분 조절이 까다로우므로 가급적이면 가족이 함께 먹을 양의 밥을 지으세요.

단호박두부찜

재료
- 단호박 ……… 100g
- 두부 ………… 50g
- 목이버섯 ……… 5g
- 저염소금 …… ⅓작은술

1. 단호박은 씨를 제거해 물에 헹군 다음 물기를 제거한다.
2. 두부는 면보로 싸서 물기를 꼭 짠 다음 으깨서 준비하고, 목이버섯은 찬물에 불린 다음 배꼽을 제거하고 잘게 다진다.
3. 믹싱볼에 두부, 버섯, 소금을 넣어서 섞은 다음 단호박의 씨를 파낸 자리에 넣는다. 김이 오른 찜통에서 10분간 찐다.

브로콜리초무침

재료
- 브로콜리 ……… 80g
- 저염소금 …… ⅓작은술
- 식초 ………… 1작은술
- 깨소금 ……… ⅓작은술

1. 브로콜리는 송이를 떼어 2cm 크기로 썬다.
2. 끓는 물에 소금을 조금 넣고 브로콜리를 데친 뒤 얼른 찬물에 헹구고 물기를 제거한다.
3. 브로콜리를 볼에 담고 소금, 식초, 깨소금을 넣어 무친다.

미역미나리무침

재료
- 마른 미역 ……… 10g
- 미나리 ………… 70g
- 홍고추 ……… 7g(½개)
- 저염소금 …… ⅓작은술
- 고춧가루 …… 1작은술
- 참기름 ……… ⅔작은술

1. 마른 미역은 1분간 물에 불린 다음 바락바락 주물러 씻어 사방 1cm 크기로 썬다. 홍고추는 어슷하게 썬다.
2. 미나리는 잎을 제거한 다음 끓는 물에 소금을 조금 넣고 데친다. 얼른 찬물에 헹군 다음 3cm 길이로 썬다.
3. 믹싱볼에 미역과 미나리, 홍고추를 담고 소금, 고춧가루, 참기름을 넣어 무친다.

2~4일차 간식 오전

완두콩라테

Dr. 이경영의 식품 노트

완두콩

완두콩은 콩류 중에 식이섬유가 가장 풍부해 장 청소를 돕고, 식물성 식품 중에서는 단백질의 효율이 높은 편이라 채식 중심의 다이어트로 생길 수 있는 근육 손실을 예방해주는 훌륭한 다이어트 식품 중 하나예요. 완두콩에 풍부한 콜린 성분은 우유 속의 포화지방산과 콜레스테롤이 혈관에 쌓이는 것을 막아 깨끗한 혈액을 만들어주지요. 또 풍부한 이소플라본 중 제니스틴은 여성호르몬인 에스트로겐과 화학 구조가 비슷하여 골다공증과 유방암을 예방합니다. 한국인처럼 탄수화물을 과다 섭취하거나 다이어트 중 갑자기 운동량을 늘리는 경우에 부족하기 쉬운 티아민도 완두콩에 풍부하게 있어요.

재료
마른 완두콩 · · · 5g(1작은술)
저지방 우유 · · · · · · · ½컵

1 완두콩은 찬물에 넣어서 충분히 불린다.

Tip! 생완두콩은 불릴 필요 없이 씻어서 바로 삶아주세요.

2 끓는 물에 완두콩을 넣어서 속까지 익도록 10분간 삶는다.

3 2의 완두콩과 우유를 믹서에 넣어서 곱게 간 다음 한 번 더 끓인다.

2~4일차 간식 오후
바나나민트구이

Dr. 이경영의 식품 노트

바나나

바나나는 탄수화물이 풍부하고 짧은 시간 안에 흡수도 잘되어서 운동선수에게 인기가 많은 식품이에요. 익을수록 항산화 능력이 높아지므로 껍질에 갈색 반점인 '슈거 스팟'이 생겼을 때 먹는 것이 좋답니다. 다양한 비타민과 미네랄뿐만 아니라 올리고당도 풍부해서 장운동을 도와 변비 예방에 효과적인 식품이지요.

재료
- 바나나 ········ 100g(1개)
- 민트 ············ 4잎(2g)

1. 바나나는 겉껍질을 닦은 다음 껍질을 벗긴다.

2. 바나나는 반 갈라 도톰하게 편으로 썰고, 민트는 잘게 다진다.

3. 달군 팬에 바나나를 노릇하게 굽다가 그 위에 민트를 올려 타지 않도록 한 번 더 굽는다.

5일차 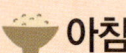 아침

+ 메밀현미밥
+ 대구찹쌀찜
+ 열무콩가루볶음
+ 쪽파김무침

다이어트 98.5점
디톡스 100점

쪽파김무침

열무콩가루볶음

대구찹쌀찜

메밀현미밥

Dr. 이경영의 식품 노트

대구
등푸른 생선의 칼로리가 걱정된다면 흰살 생선인 대구를 밥상에 올리세요. 생선계의 닭가슴살이라 부를 수 있을 정도로 지방이 적고 곁가지 아미노산(BCAA)이 풍부해서 근육 합성 및 에너지 대사를 높이는 데 도움을 줍니다. 무엇보다 비린내가 적어 부담 없이 먹을 수 있지요. 이 밖에 대구에 풍부한 비타민 E 성분은 불포화지방산으로 구성된 세포막이 산화되는 것을 막아줍니다.

메밀현미밥

재료
- 메밀 … 10g(2작은술)
- 발아현미 … 35g(2⅓큰술)
- 찰현미 … 5g(1작은술)
- 물 … 1½컵

1. 메밀, 발아현미, 찰현미는 깨끗이 씻어서 4시간 동안 불린다.

2. 1의 재료와 물을 압력솥에 넣고 밥을 짓는다. 추가 2분간 돈 다음 불을 끄고 압을 뺀다.

3. 뚜껑을 열어보아 수분이 남아 있으면 뚜껑을 연 채로 가열해서 수분을 날린 뒤 뚜껑을 덮어 5분간 뜸을 들인다.

Tip! 1인분 밥 짓기는 수분 조절이 까다로우므로 가급적이면 가족이 함께 먹을 양의 밥을 지으세요.

대구찹쌀찜

재료
- 대구살 … 80g
- 참기름 … 1작은술
- 찹쌀가루 … 1큰술

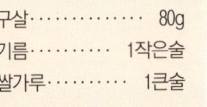
1. 대구살은 물에 헹군 다음 물기를 닦고 2cm 두께로 썰어둔다.

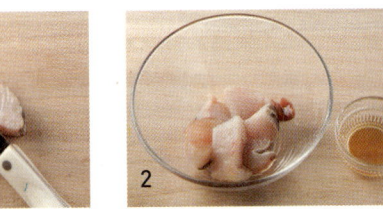
2. 1의 대구살에 참기름을 넣어서 밑간한 다음 찹쌀가루로 버무린다.

3. 김이 오른 찜통에 버무린 대구살을 넣어서 10분간 찐다.

열무콩가루볶음

재료
- 열무 … 100g
- 다진 마늘 … ⅓큰술
- 콩가루 … 1큰술
- 저염소금 … ¼작은술
- 참기름 … ½작은술
- 물 … ⅓컵

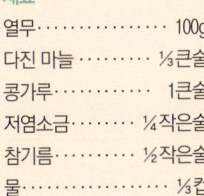
1. 열무는 겉잎과 뿌리를 다듬어 깨끗하게 씻은 뒤 물기를 제거한다.

2. 준비한 열무를 4cm 길이로 썰어둔다.

3. 팬에 물과 다진 마늘, 열무를 넣고 볶다가 콩가루를 넣어서 마저 볶는다. 소금, 참기름을 넣어서 버무린다.

쪽파김무침

재료
- 쪽파 … 70g
- 김 … 1장
- 저염소금 … ⅓작은술
- 참기름 … ½작은술

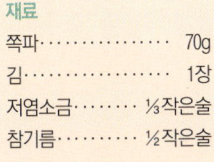
1. 쪽파는 다듬어 씻어 끓는 물에 소금을 조금 넣고 살짝 데친 다음 찬물에 헹군다.

2. 김은 팬에 구워 잘게 부순다. 쪽파는 물기를 제거한 다음 4cm 길이로 썰어둔다.

3. 믹싱볼에 쪽파와 김, 소금, 참기름을 넣어서 무친다.

2단계 | 집중 감량기

5일차 🍚 점심

+ 묵은지채소김밥
+ 닭가슴살홍고추조림
+ 죽순양파볶음

다이어트 **92.2점**
디톡스 **100점**

↳ 닭가슴살홍고추조림

↳ 죽순양파볶음

↳ 묵은지채소김밥

Dr. 이경영의 식품 노트

김
김은 칼슘 함량이 높아 골다공증 예방에 효과적이고, 비타민 A가 시금치의 여덟 배 정도로 많아 시력 회복과 항산화 작용을 돕지요. 해조류 중 비타민 C와 E가 가장 풍부하여 항산화 상승 효과로 피부와 혈관의 노화를 방지한답니다. 단백질 역시 해조류 중 가장 풍부하고, 기초대사를 높여주는 요오드 성분도 다량 함유한 반면에 칼로리는 적으니 으뜸 다이어트 식품으로 꼽힐밖에요. 또한 김에만 있는 식이섬유인 포피란은 유해 물질이 장에 쌓이는 것을 막아 장 해독과 대장암 예방에 도움을 준다니 정말 이보다 더 좋을 수는 없겠지요?

묵은지채소김밥

재료
묵은지············ 30g
당근············· 20g
오이············· 30g
김·············· 1장
참기름·········· 1작은술
흑미밥
흑미········ 10g(2작은술)
현미········ 30g(2큰술)
찰현미······ 10g(2작은술)
물·············· 1⅓컵

1
묵은지는 씻어서 찬물에 담가 짠맛을 뺀 다음 물기를 꼭 짜고 0.5cm 폭으로 잘라둔다. 분량의 재료로 흑미밥을 지어놓는다.

2
당근과 오이는 곱게 채를 썬 다음 찬물에 담갔다가 물기를 제거한다.

3
흑미밥에 참기름을 넣고 버무린다. 김 위에 밥을 깔고 묵은지, 오이, 당근을 넣고 돌돌 말아서 먹기 좋게 썬다.

닭가슴살홍고추조림

재료
닭가슴살············ 70g
조림장
홍고추········ 14g(1개)
올리고당·········· 1큰술
저염소금·········· ⅓작은술
물··············· 1컵

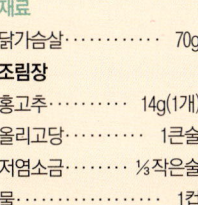
1
닭가슴살은 사방 1.5cm 크기로 깍둑썰기 한다.

2
홍고추는 잘게 썰어 믹서에 물과 같이 곱게 간다. 여기에 올리고당, 소금을 넣고 잘 섞어 조림장을 만든다.

3
팬에 1의 닭가슴살을 올리고 조림장을 고루 끼얹어 자작하게 조린다.

죽순양파볶음

재료
통조림 죽순········ 50g
양파············· 30g
저염소금········· ⅓작은술
깨소금··········· ½작은술
물··············· ⅓컵

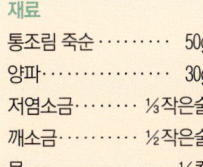
1
죽순은 속의 하얀 석회를 제거해 씻고, 3cm 너비로 슬라이스한다.

2
양파는 채를 썰어서 준비한다.

3
팬에 물을 넣고 양파를 볶다가 죽순, 소금, 깨소금을 넣어서 물이 없어지도록 볶는다.

2단계 집중 감량기

5일차  저녁

+ 모둠콩밥
+ 꽁치조림
+ 청경채매운볶음
+ 무비트피클

다이어트 **89점**
디톡스 **100점**

꽁치조림
청경채매운볶음
모둠콩밥
무비트피클

Dr. 이경영의 식품 노트

꽁치
고등어와 함께 대표적인 등푸른 생선인 꽁치에 들어 있는 불포화지방산 DHA와 EPA는 혈전을 녹여서 뇌졸중, 심장병의 위험을 줄여줘요. DHA는 암세포의 증식을 억제하고 사멸시키는 항암 효과도 가지고 있지요. 등푸른 생선을 튀기면 DHA가 50%까지 줄어드니까 튀기는 조리법은 피해주세요. 껍질에 EPA 성분이 많아 껍질째 먹는 것이 좋고, 산성식품이므로 알칼리성식품인 채소나 해조류와 같이 먹는 것도 효과적입니다. 꽁치에는 대사량 증가와 근육 합성에 도움을 주는 곁가지 아미노산도 풍부해요.

모둠콩밥

재료
- 발아현미 35g(2⅓큰술)
- 백태 5g(1작은술)
- 생울타리콩 10g(1큰술)
- 생완두콩 10g(1큰술)
- 물 1⅔컵

1 발아현미와 백태는 깨끗이 씻어서 4시간 동안 불린다.

2 1의 재료와 울타리콩, 완두콩, 물을 압력솥에 넣고 밥을 짓는다. 추가 2분간 돈 다음 불을 끄고 압을 뺀다.

3 뚜껑을 열어보아 수분이 남아 있으면 뚜껑을 연 채로 가열해서 수분을 날린 뒤 뚜껑을 덮어 5분간 뜸을 들인다.

Tip 1인분 밥 짓기는 수분 조절이 까다로우므로 가급적이면 가족이 함께 먹을 양의 밥을 지으세요.

꽁치조림

재료
- 꽁치 70g

조림장
- 홍고추 14g(1개)
- 다진 마늘 ½작은술
- 저염간장 1작은술
- 물 1컵

1 꽁치는 내장과 비늘을 제거하고 잘게 칼집을 넣은 뒤 5cm 간격으로 토막 낸다.

2 홍고추는 잘게 썰어 믹서에 물과 같이 곱게 간다. 여기에 다진 마늘과 간장을 넣고 섞어 조림장을 만든다.

3 냄비에 꽁치를 담고 조림장을 끼얹어서 자작하게 조린다.

청경채매운볶음

재료
- 청경채 60g
- 청양고추 5g(⅓개)
- 저염소금 ⅓작은술
- 물 ¼컵

1 청경채는 씻어서 3cm 길이로 썰어 둔다.

2 청양고추는 잘게 다진다.

3 팬에 물을 넣고 청경채를 볶다가 청양고추와 소금을 넣어서 볶는다.

무비트피클

재료
- 무 40g
- 비트 5g

피클주스
- 마늘 3g(1쪽)
- 식초·조청 1작은술씩
- 저염소금 ⅓작은술
- 통후추 ½작은술
- 월계수잎 1장
- 물 ⅔컵

1 무는 2×3cm 크기, 0.5cm 두께로 나박나박 썰어둔다. 비트도 같은 크기로 썬다.

2 냄비에 분량의 피클주스 재료를 모두 넣어서 끓인다.

3 그릇에 무와 비트를 담고 뜨거운 피클주스를 부은 뒤 뚜껑을 덮어서 그대로 식힌 다음 냉장고에 보관한다.

6일차  아침

+ 메밀현미밥
+ 오징어돌나물샐러드
+ 감자양념조림
+ 느타리버섯나물

다이어트
92.4점

디톡스
94점

느타리버섯나물

메밀현미밥

오징어돌나물샐러드

감자양념조림

Dr. 이경영의 식품 노트

오징어

오징어는 연체류 중 단백질 함량이 가장 많으면서 칼로리는 적어 다이어트 식품으로 인기랍니다. 산성이 강한 식품이기 때문에 돌나물과 같은 알칼리성이 강한 채소와 함께 먹는 것이 혈액의 해독 작용에 효과적이죠. 마른 오징어 표면에 있는 흰색 가루는 타우린 성분으로, 타우린은 간의 해독을 도와 간 피로를 해소하는 작용을 해요. 생오징어도 많지만 마른 오징어에 더 많이 들어 있지요. 오징어에 풍부한 셀레늄은 산화되어 세포막을 공격하는 과산화물을 순한 물질로 중화하는 항산화 효소(글루타티온 과산화 효소)의 구성 성분이에요. 갑상선 호르몬을 자극하기 때문에 에너지 대사를 높이는 데도 효과적인 성분이랍니다.

메밀현미밥

재료
- 메밀 ········ 10g(2작은술)
- 발아현미 ···· 35g(2⅓큰술)
- 찰현미 ······· 5g(1작은술)
- 물 ················· 1½컵

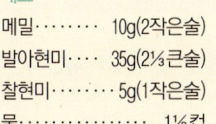

1. 메밀, 발아현미, 찰현미는 깨끗이 씻어서 4시간 동안 불린다.
2. 1의 재료와 물을 압력솥에 넣고 밥을 짓는다. 추가 2분간 돈 다음 불을 끄고 압을 뺀다.
3. 뚜껑을 열어보아 수분이 남아 있으면 뚜껑을 연 채로 가열해서 수분을 날린 뒤 뚜껑을 덮어 5분간 뜸을 들인다.

Tip! 1인분 밥 짓기는 수분 조절이 까다로우므로 가급적이면 가족이 함께 먹을 양의 밥을 지으세요.

오징어돌나물샐러드

재료
- 오징어 ············ 80g
- 돌나물 ············ 30g

드레싱
- 저염소금 ········ ⅓작은술
- 식초 ············· 1작은술
- 포도씨유 ········ ⅔작은술
- 후춧가루 ············ 조금

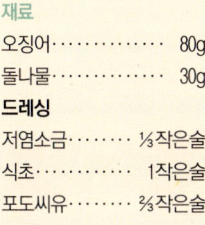

1. 오징어는 다리를 잡아당겨 내장을 빼고 껍질을 벗긴 다음 끓는 물에 소금을 조금 넣고 데쳐 먹기 좋게 썬다.
2. 돌나물은 다듬어 씻어 찬물에 5분간 담갔다가 물기를 제거한다.
3. 분량의 재료를 섞어 드레싱을 만든다. 오징어가 식으면 믹싱볼에 돌나물과 같이 담고 드레싱으로 버무린다.

감자양념조림

재료
- 감자 ············· 80g

조림장
- 쪽파 ········ 5g(1줄기)
- 고춧가루 ······· 1작은술
- 저염간장 ······· ½작은술
- 올리고당 ······· ⅔큰술
- 후춧가루 ············ 조금
- 물 ················· 1컵

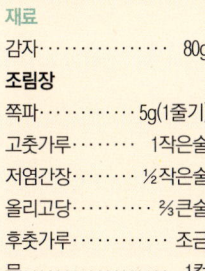

1. 감자는 껍질을 벗긴 다음 2cm 크기로 깍둑썰기 한다. 쪽파는 송송 썬다.
2. 준비한 감자를 찬물에 헹군 다음 물에 잠깐 담가 전분을 뺀 뒤에 물기를 제거한다.
3. 감자를 냄비에 담고 고춧가루, 간장, 올리고당, 후춧가루, 물을 넣어 조린다. 여기에 쪽파를 넣어 자작하게 더 조린다.

느타리버섯나물

재료
- 느타리버섯 ········· 70g
- 저염소금 ········ ⅓작은술
- 검은깨 ········ 1작은술
- 물 ················· ¼컵

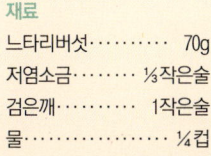

1. 느타리버섯은 밑동을 자른 다음 먹기 좋게 찢는다.
2. 1의 느타리버섯을 젖은 면보로 살살 닦는다.
3. 팬에 물을 넣고 느타리를 볶다가 소금, 검은깨를 넣어서 마저 볶는다.

6일차 점심

+ 다시마마늘밥
+ 꽃게살전
+ 가지찜

다이어트 **93.9점**
디톡스 **92점**

↗ 가지찜
↗ 꽃게살전
↗ 다시마마늘밥

Dr. 이경영의 식품 노트

마늘
미국 국립암연구소에서 으뜸 항암 식품으로 선정한 마늘은 발암물질을 해독하는 효소를 자극하여 DNA 손상을 막아주는 항암 작용으로 유명해요. 마늘의 매운맛인 알리신은 열성이 높고 강한 냄새가 나서 마늘을 외면하게 만들지만 바로 이 알리신이 헬리코박터균을 없애 위암을 예방하지요. 마늘을 다지면 알리신 성분이 늘어나므로 다져서 10분 정도 지난 후 조리하면 좋아요. 알리신은 비타민 B,과 결합해서 탄수화물의 대사를 높여주기 때문에 운동 강도가 높은 프로그램을 할 때 꼭 섭취하세요. 마늘 냄새가 싫다면 파슬리로 잡을 수 있답니다.

다시마마늘밥

재료
- 현미 35g(2⅓큰술)
- 찰현미 15g(1큰술)
- 다시마 10g
- 마늘 20g
- 다시마 우린 물 1½컵

1. 현미와 찰현미는 물에 씻어서 4시간 동안 불린다.

2. 다시마는 찬물에 30분간 담갔다가 그대로 불에 올려 거품이 날 정도로만 가열해 우린 다음 건져서 1×2cm 크기로 썬다. 마늘은 껍질을 벗긴 뒤 꼭지를 잘라 준비한다.

3. 솥에 현미, 찰현미, 마늘, 다시마를 넣고 2의 다시마 우린 물로 물을 맞춰 밥을 짓는다. 2분간 추가로 둔 다음 압을 뺀 후 뚜껑을 열고 가열해 수분을 날리고 뚜껑을 덮어 뜸을 들인다.

> **Tip!** 1인분 밥 짓기는 수분 조절이 까다로우므로 가급적이면 가족이 함께 먹을 양의 밥을 지으세요.

꽃게살전

재료
- 꽃게살 30g
- 쪽파 5g(1줄기)
- 달걀 1개
- 카놀라유 1작은술

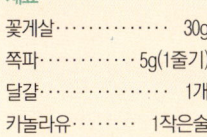 
1. 꽃게는 깨끗이 손질해 씻어 김이 오른 찜통에 넣고 찐 다음 속의 살을 파서 준비한다. 쪽파는 씻어서 잘게 다진다.

2. 믹싱볼에 달걀을 깨뜨려 넣은 뒤 1의 꽃게살과 쪽파를 넣어 잘 섞는다.

3. 코팅이 잘된 팬에 카놀라유를 살짝 두르고 2의 반죽을 한 숟가락씩 떠올려 앞뒤로 노릇하게 굽는다.

가지찜

재료
- 가지 70g
- 홍고추 14g(1개)
- 저염간장 1작은술
- 참기름 ⅓작은술
- 물 ⅓컵

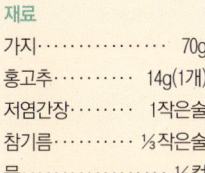 
1. 가지는 깨끗이 씻은 다음 물기를 제거하고 3cm 길이로 썬 뒤 다시 길이로 4등분한다.

2. 홍고추는 반 잘라 씨를 제거한 다음 0.2cm 폭으로 썰어둔다.

3. 냄비에 가지와 홍고추, 간장, 물을 넣고 국물이 졸 때까지 자작하게 끓인 다음 참기름을 넣어 뒤적인다.

6일차 저녁

+ 모둠콩밥
+ 고등어구이
+ 쌈배추생채
+ 톳나물무무침

다이어트 **100점**
디톡스 **100점**

쌈배추생채
모둠콩밥
톳나물무침
고등어구이

Dr. 이경영의 식품 노트

톳나물
녹미채라고 불리는 톳은 중금속을 해독하는 효과가 뛰어나 해독 밥상에 빠지지 않아요. 톳나물무침이나 톳나물밥 등의 형태로 섭취하지요. 톳의 풍부한 식이섬유는 장운동을 촉진하고 요오드 성분은 기초대사량을 증가시키는 데 도움을 줘요. 또 바다의 칼슘제라고 불릴 정도로 칼슘 함량이 높아 골다공증을 예방하므로 다이어트 식품의 대표 주자이기도 하지요. 톳의 칼슘 흡수율을 높이려면 비타민 C가 풍부한 채소와 함께 조리하면 좋고, 성질이 차기 때문에 고추, 마늘 등 따뜻한 성질의 식품과 같이 섭취하면 효과적이랍니다.

모둠콩밥

재료
- 발아현미 … 35g(2⅓큰술)
- 백태 … 5g(1작은술)
- 생울타리콩 … 10g(1큰술)
- 생완두콩 … 10g(1큰술)
- 물 … 1⅔컵

1 발아현미와 백태는 깨끗이 씻어서 4시간 동안 불린다.

2 1의 재료와 울타리콩, 완두콩, 물을 압력솥에 넣고 밥을 짓는다. 추가 2분간 돈 다음 불을 끄고 압을 뺀다.

3 뚜껑을 열어보아 수분이 남아 있으면 뚜껑을 연 채로 가열해서 수분을 날린 뒤 뚜껑을 덮어 5분간 뜸을 들인다.

Tip 1인분 밥 짓기는 수분 조절이 까다로우므로 가급적이면 가족이 함께 먹을 양의 밥을 지으세요.

고등어구이

재료
- 고등어(포 뜬 것) … 70g
- 맛술 … 1작은술

1 고등어는 머리, 내장, 지느러미를 제거한 후 포를 떠서 찬물에 헹구고 물기를 제거한다.

Tip 고등어를 살 때 포를 떠달라고 하면 편하답니다.

2 1의 고등어에 맛술을 부어 5분간 재운다.

3 코팅이 잘된 두툼한 팬에 고등어를 올려 앞뒤로 노릇하게 굽는다.

쌈배추생채

재료
- 쌈배추 … 30g
- 홍고추 … 4g(⅓개)
- 식초 … 1작은술
- 저염소금 … ⅓작은술

1 쌈배추는 깨끗이 씻어 0.3cm 폭으로 채를 썬다. 홍고추는 반 잘라서 2cm 길이로 채 썬다.

2 채 썬 쌈배추를 찬물에 잠깐 담가두었다가 물기를 제거한다.

3 믹싱볼에 2의 쌈배추를 넣고 홍고추, 식초, 소금을 넣어서 무친다.

톳나물무무침

재료
- 톳나물 … 50g
- 무 … 20g
- 다진 마늘 … ⅓작은술
- 깨소금 … ½작은술

1 톳나물은 끓는 물에 소금을 조금 넣고 데친 다음 찬물에 헹궈 먹기 좋게 썬다.

2 무는 4cm 길이로 채 썰어놓는다.

3 믹싱볼에 톳나물과 무, 다진 마늘, 깨소금을 넣어서 버무린다.

7일차  아침

+ 메밀현미밥
+ 조기허브구이
+ 달걀채소말이
+ 우엉조림

다이어트 89.6점
디톡스 90점

메밀현미밥
우엉조림
조기허브구이
달걀채소말이

Dr. 이경영의 식품 노트

달걀

단백질의 질을 평가할 때 흡수된 식품 단백질이 신체 단백질로 효율적으로 전환되는지 검사하는데, 달걀이 96점으로 1등이고 우유가 90점이에요. 이 달걀에도 부족한 것이 있으니 바로 비타민 C와 칼슘이랍니다. 따라서 달걀만 조리하는 것보다 채소를 넣어 비타민 C와 칼슘을 보충하고 강한 산성도 중화시키는 게 좋지요. 달걀노른자의 콜레스테롤이 동맥경화증을 유발한다고 흰자만 먹는 것이 유행하기도 했었는데, 노른자에는 좋은 콜레스테롤인 HDL을 증가시켜 동맥경화를 막아주고 치매 예방을 돕는 콜린과 시력 보호에 좋은 루테인, 제아잔틴 등의 성분도 풍부하다는 것을 기억해주세요.

메밀현미밥

재료
- 메밀 10g(2작은술)
- 발아현미 35g(2⅓큰술)
- 찰현미 5g(1작은술)
- 물 1½컵

1
메밀, 발아현미, 찰현미는 깨끗이 씻어서 4시간 동안 불린다.

2
1의 재료와 물을 압력솥에 넣고 밥을 짓는다. 추가 2분간 둔 다음 불을 끄고 압을 뺀다.

3
뚜껑을 열어보아 수분이 남아 있으면 뚜껑을 연 채로 가열해서 수분을 날린 뒤 뚜껑을 덮어 5분간 뜸을 들인다.

Tip 1인분 밥 짓기는 수분 조절이 까다로우므로 가급적이면 가족이 함께 먹을 양의 밥을 지으세요.

조기허브구이

재료
- 조기(포 뜬 것) 70g
- 다진 허브(로즈메리) ⅓작은술
- 포도씨유 ⅓작은술

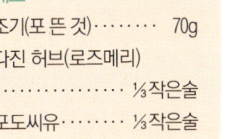
1
조기는 머리, 비늘, 내장, 지느러미를 제거한 다음 포를 떠서 찬물에 헹군다.

2
1의 조기에 다진 로즈메리를 올리고 포도씨유를 뿌려서 재운다.

3
달군 팬에 조기를 올려 앞뒤로 노릇하게 굽는다.

Tip 코팅이 잘된 팬을 잘 달구어 사용하면 기름을 두르지 않고도 조기를 잘 구울 수 있답니다.

달걀채소말이

재료
- 양파 20g
- 당근 20g
- 달걀 1개
- 다진 파슬리 ½작은술
- 저염소금 ¼작은술

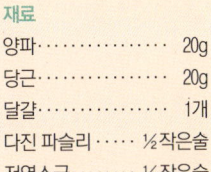
1
당근과 양파는 잘게 다져서 준비한다.

2
믹싱볼에 달걀을 잘 푼 뒤 당근, 양파, 다진 파슬리, 소금을 넣어서 고루 섞는다.

3
코팅이 잘된 팬에 2의 달걀물을 부어서 돌돌 말아가며 구운 뒤 먹기 좋게 썰어 낸다.

우엉조림

재료
- 우엉 50g
- 저염간장 ½작은술
- 올리고당 ½큰술
- 물 1컵

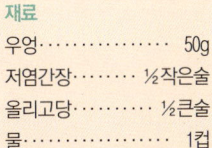
1
우엉은 겉의 흙을 씻어서 껍질을 벗긴다.

2
식촛물(물 1컵+식초 ½큰술)에 우엉을 잠시 담갔다가 건져 4cm 길이로 곱게 채 썬다.

3
냄비에 우엉을 담고 물을 부은 뒤 간장, 올리고당을 넣어서 자작하게 조린다.

7일차

 점심

+ 주꾸미주먹밥
+ 바질토마토샐러드
+ 단호박후추볶음

> 다이어트 98점
> 디톡스 88.7점

→ 바질토마토샐러드

← 단호박후추볶음

← 주꾸미주먹밥

Dr. 이경영의 식품 노트

주꾸미
주꾸미는 칼로리가 낮으면서 칼로리의 70%를 단백질이 차지할 만큼 고단백 식품이에요. 주꾸미에 풍부한 타우린은 기름진 음식과 스트레스로 지친 간을 해독하는 데 효과적이며, 철분 성분은 다이어트 중 생기기 쉬운 빈혈 예방에 좋답니다. 산성이 강한 만큼 샐러드나 채소 반찬을 곁들여 먹어야 한답니다.

주꾸미주먹밥

재료
주꾸미 ············ 80g
참기름 ·········· ½작은술
찰현미밥
찰현미 ············ 50g
물 ················ 1½컵

1
주꾸미는 내장을 제거하고 밀가루(1큰술)를 넣어 바락바락 주물러 씻은 다음 끓는 물에 데친다. 분량의 찰현미로 밥을 지어놓는다.

2
준비한 주꾸미를 잘게 다져서 준비한다.

3
믹싱볼에 밥을 담고 주꾸미, 참기름을 넣어서 잘 섞은 다음 먹기 좋게 뭉친다.

바질토마토샐러드

재료
토마토 ············ 200g
바질 ············ 4잎(2g)
올리브오일 ······ 1작은술
저염소금 ········ ⅓작은술
후춧가루 ·········· 조금

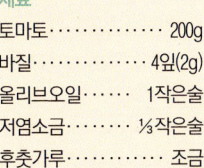

1
토마토는 씻어서 물기를 제거한 다음 반 잘라 0.5cm 두께로 썰어둔다.

2
바질도 씻어서 먹기 좋게 썰어둔다.

3
믹싱볼에 토마토, 바질, 올리브오일, 소금, 후춧가루를 넣어서 가볍게 버무린다.

단호박후추볶음

재료
단호박 ············ 80g
저염소금 ········ ⅓작은술
후춧가루 ·········· 조금
물 ················ ¼컵

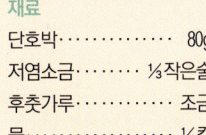

1
단호박은 씨를 제거한 다음 씻어서 준비한다.

2
1의 단호박을 5cm 길이, 0.5cm 폭으로 썬다.

3
달군 팬에 물을 넣고 단호박을 올린 다음 소금, 후춧가루를 뿌려서 타지 않게 볶는다.

2단계 | 집중 감량기

7일차

 저녁

+ 모둠콩밥
+ 문어미역무침
+ 애호박견과류볶음
+ 꽈리고추양념찜

다이어트 100점
디톡스 100점

모둠콩밥
애호박견과류볶음
꽈리고추양념찜
문어미역무침

Dr. 이경영의 식품 노트

문어
문어는 칼로리와 나트륨, 콜레스테롤 함량이 오징어보다 적은 편이라서 다이어트에 더 좋아요. 특유의 맛을 내는 타우린 성분은 콜레스테롤을 줄여주고 간 해독 작용을 돕는답니다. 인슐린 분비를 촉진해 당뇨병 개선에도 효과가 있으므로 혈당 조절이 안 될 때는 육류 대신 씹는 맛이 있는 문어를 선택해보세요. 산성이 강한 식품이기 때문에 미역과 같은 강한 알칼리성식품과 함께 먹는 것이 요령이에요.

모둠콩밥

재료
- 발아현미 35g(2⅓큰술)
- 백태 5g(1작은술)
- 생울타리콩 10g(1큰술)
- 생완두콩 10g(1큰술)
- 물 1⅔컵

1. 발아현미와 백태는 깨끗이 씻어서 4시간 동안 불린다.

2. 불린 쌀과 울타리콩, 완두콩을 압력솥에 넣고 물을 맞춰 밥을 짓는다. 추가 2분간 돈 다음 불을 끄고 압을 뺀다.

3. 뚜껑을 열어보아 수분이 남아 있으면 뚜껑을 연 채로 가열해서 수분을 날린 뒤 뚜껑을 덮어 5분간 뜸을 들인다.

> Tip! 1인분 밥 짓기는 수분 조절이 까다로우므로 가급적이면 가족이 함께 먹을 양의 밥을 지으세요.

문어미역무침

재료
- 문어 50g
- 생미역 30g
- 참기름 ⅓작은술

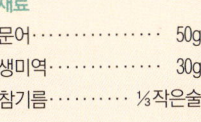

1. 끓는 물에 소금을 조금 넣고 문어를 삶은 다음 먹기 좋게 썬다.

2. 미역은 물에 바락바락 주물러 씻어 끓는 물에 소금을 넣고 살짝 데친 뒤 찬물에 헹구어 1cm 길이로 썬다.

3. 믹싱볼에 준비한 문어와 미역, 참기름을 넣고 버무린다.

애호박견과류볶음

재료
- 애호박 50g
- 아몬드 5g(5개)
- 호두 알맹이 5g
- 새우젓 ⅓작은술
- 참기름 ⅓작은술
- 물 ⅓컵

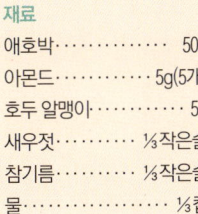
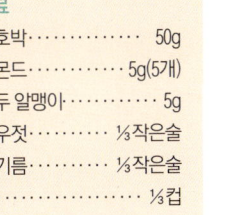

1. 애호박은 굵게 채 썰어서 준비한다.

2. 아몬드, 호두는 잘게 다진 다음 기름 없는 팬에 살짝 볶는다.

3. 팬에 물을 넣고 1의 애호박, 새우젓을 넣고 볶다가 수분이 거의 없어지면 아몬드, 호두, 참기름을 넣고 섞는다.

꽈리고추양념찜

재료
- 꽈리고추 40g
- 콩가루 ½큰술
- 고춧가루 ½작은술
- 저염간장 ½작은술
- 참기름 ¼작은술

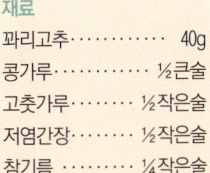

1. 꽈리고추는 씻어서 물기를 없앤 뒤 꼭지를 떼어내고 2등분한다.

2. 믹싱볼에 꽈리고추와 콩가루를 넣고 버무린다.

3. 김이 오른 찜통에 2의 꽈리고추를 넣고 5분간 찐다. 믹싱볼에 찐 꽈리고추를 담고 고춧가루, 간장, 참기름을 넣어 버무린다.

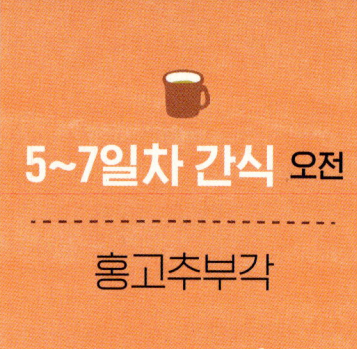

5~7일차 간식 오전
홍고추부각

Dr. 이경영의 식품 노트

홍고추
고추의 캡사이신은 신진대사를 촉진하여 에너지 소비를 높이는 효과가 있어 기능성 식품으로 활용될 정도예요. 이 성분은 씨에 가장 많아 요리를 할 때 고추씨까지 넣으면 효과적입니다. 흔히 매운 음식은 자극적이라 위에 안 좋다고 생각하지만 고추의 매운맛은 오히려 위암을 예방하는 것으로 조사되었어요. 캡사이신이 발암성 화학물질의 대사 활성을 직접 억제한다고 합니다. 위염의 원인이 되는 헬리코박터균의 증식 역시 억제한다고 하니 위 건강에 도움이 되는 것만큼은 분명한 듯합니다. 특히 홍고추는 풋고추에 비해 비타민 C의 함량이 1.5배 이상이고 다른 비타민들도 더 많이 함유하고 있으니 신경 써서 챙길 필요가 있겠죠?

재료
홍고추·········· 40g(3개)
찹쌀가루·········· 1큰술
식용유·········· 적당량

1
홍고추는 반 갈라 씨를 제거한 다음 4cm 길이로 썬다.

2
볼에 홍고추와 찹쌀가루를 넣어서 버무린 다음 김이 오른 찜통에 넣고 5분간 찐다.

3
찐 홍고추를 바짝 말린 다음 170℃로 달군 기름에 넣고 타지 않도록 튀긴다.

Tip 부각을 말릴 때는 겹치지 않게 쭉 펴서 건조기에서 8시간 말려주세요. 건조한 시기에는 채반에 펼쳐 베란다에 두면 이틀 정도면 잘 마른답니다.

5~7일차 간식 오후
고구마요구르트

Dr. 이경영의 식품 노트

요구르트

요구르트에는 장 속 유해균을 없애 장을 건강하게 만들어주는 유산균이 풍부해요. 유산균은 대장 속 대변에 기생하는 세균성 효소인 베타-글루쿠로니데이즈의 활성을 줄여 대장암을 예방해주지요. 장수국으로 유명한 불가리아 사람들이 자주 먹는 요구르트에는 1mL당 유산균이 1억 마리 이상 들어 있다고 합니다. 유산균은 액상 요구르트보다 떠먹는 요구르트에 훨씬 많고, 열처리가 적고 신선할수록 많아서 집에서 만들어 먹는 게 가장 이상적이지요. 우유를 먹으면 배탈이 나는 유당불내증을 가진 경우, 요구르트를 통해 부족한 칼슘을 섭취하면 좋습니다.

재료
고구마 ············ 40g
떠먹는 요구르트(플레인)
   ············ 50g(3⅓큰술)

1. 고구마는 씻어서 먹기 좋게 썬 다음 찬물에 담가 전분을 빼준다.

2. 준비한 고구마를 속까지 익도록 푹 삶는다.

3. 고구마가 식으면 믹서에 담고 요구르트를 넣어서 곱게 간다.

8일차 아침

+ 팥밥
+ 소고기유자무침
+ 양파견과류볶음
+ 달래매실겉절이

다이어트
96.6점

디톡스
90점

달래매실겉절이

팥밥

양파견과류볶음

소고기유자무침

Dr. 이경영의 식품 노트

퀴노아
미국에서는 밀가루를 대신한 건강식품으로 퀴노아가 인기예요. 장 해독에 좋은 식이섬유가 현미의 두 배, 다이어트 중 부족하기 쉬운 철분이 백미의 세 배, 나트륨을 내보내고 부기를 줄여주는 칼륨이 현미의 세 배 가까이 들어 있답니다. 곡류지만 오메가 3 지방산이 풍부해서 심혈관 질환을 예방하고 혈관 청소를 도우며, 식물성 식품이지만 필수아미노산 아홉 개가 모두 들어 있어 곡류 중의 완전식품이라 불리지요. 불포화지방산이 많아 산패되기 쉬우므로 조금씩 구입해서 서늘한 곳에 보관하세요.

팥밥

재료
- 팥 15g(1큰술)
- 현미 25g(1⅔큰술)
- 찰현미 10g(2작은술)
- 물 1½컵

1. 팥은 씻은 다음 물 1컵과 함께 냄비에 넣어서 끓으면 불을 끄고 헹군다.

2. 현미와 찰현미는 씻어서 물에 4시간 동안 불린 다음 1의 팥과 같이 압력솥에 담고 물을 맞춰 밥을 짓는다. 추가 2분간 둔 다음 불을 끄고 압을 뺀다.

3. 뚜껑을 열어보아 수분이 남아 있으면 뚜껑을 연 채로 가열해서 수분을 날린 뒤 뚜껑을 덮어 5분간 뜸을 들인다.

Tip! 1인분 밥 짓기는 수분 조절이 까다로우므로 가급적이면 가족이 함께 먹을 양의 밥을 지으세요.

쇠고기유자무침

재료
- 쇠고기(살코기) 50g
- 유자청 과육 1큰술
- 저염소금 조금
- 물 ⅓컵

1. 쇠고기는 0.2×4cm 크기로 곱게 채를 썰어서 준비한다.

2. 유자청 과육은 잘게 다져서 준비한다.

3. 팬에 물을 넣고 쇠고기를 볶다가 수분이 거의 없어지면 소금으로 간을 맞춘 뒤 유자청 과육을 넣어서 섞는다.

양파견과류볶음

재료
- 양파 70g
- 호두 알맹이 6g(2알분)
- 아몬드 5g(5개)
- 캐슈너트 5g(5개)
- 저염소금 ⅓작은술
- 물 ⅓컵

1. 양파는 0.3cm 두께로 썰어 찬물에 헹궈서 물기를 제거한다.

2. 호두, 아몬드, 캐슈너트는 마른 천으로 닦은 다음 굵게 다져 살짝 볶아둔다.

3. 팬에 물을 넣고 양파를 볶다가 수분이 거의 없어지면 소금과 2의 호두, 아몬드, 캐슈너트를 넣어서 한 번 더 볶는다.

달래매실겉절이

재료
- 달래 30g
- 매실청 과육 1큰술(5g)
- 저염소금 조금
- 고춧가루 ½작은술

1. 달래는 다듬어서 찬물에 담갔다가 물기를 제거한 다음 3cm 길이로 썬다.

Tip! 달래는 시든 잎을 떼고 알뿌리의 겉껍질을 벗긴 다음 큰 알은 칼등으로 누른 뒤 조리하세요.

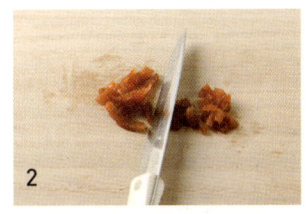

2. 매실청을 만들 때 나오는 과육을 준비해 잘게 썬다.

Tip! 매실청 과육이 없을 때는 매실장아찌를 다져서 넣어주세요.

3. 믹싱볼에 1의 달래와 매실청 과육, 소금, 고춧가루를 넣어서 버무린다.

8일차 🍚 점심

+ 파인애플볶음밥
+ 파프리카닭고기볶음
+ 사과자몽무침

> 다이어트 92.4점
> 디톡스 90.3점

← 사과자몽무침
← 파프리카닭고기볶음
← 파인애플볶음밥

Dr. 이경영의 식품 노트

파인애플
파인애플에 풍부한 구연산과 비타민 B_1은 다이어트 중 운동량이 늘어날 때 근육과 혈액에 쌓이는 피로물질을 빠른 속도로 분해해요. 또 불용성 식이섬유가 장운동을 도와 변을 크게 만들어 다이어트 중 나타나기 쉬운 변비를 개선하는 데 효과적이지요. 위가 약한 경우 단백질 분해 효소 기능이 강한 파인애플을 빈속에 먹으면 단백질로 된 위벽이 공격당할 수 있으므로 공복에는 피해주세요.

재료
- 파인애플 …………… 40g
- 포도씨유 …………… 1작은술
- 파슬리가루 ………… 1작은술
- 저염소금 …………… 조금
- 후춧가루 …………… 조금

현미밥
- 현미 ………… 50g(3⅓큰술)
- 물 ………………… 1½컵

파인애플볶음밥

1. 현미는 물에 4시간 정도 불려 압력솥에 물을 맞춰 안친다. 2분간 추가 돈 다음 압을 빼고 뚜껑을 연 채 가열해 수분을 없앤 후 뚜껑을 덮어 뜸 들인다.

Tip! 1인분 밥 짓기는 수분 조절이 까다로우므로 가급적이면 가족의 함께 먹을 양의 밥을 지으세요.

2. 파인애플은 껍질을 벗겨 사방 0.5cm 크기로 잘게 썬다.

3. 팬에 포도씨유를 두른 다음 밥을 볶다가 파인애플, 파슬리가루, 소금, 후춧가루를 넣어서 맛을 낸다.

재료
- 빨강·노랑·초록 파프리카
- …………………… 25g씩
- 닭다리살 …………… 50g
- 포도씨유 …………… ½작은술
- 저염소금 …………… 조금
- 후춧가루 …………… 조금

파프리카닭고기볶음

1. 파프리카는 씻어서 씨를 제거한 다음 사방 0.5cm 크기로 썰어둔다.

2. 닭다리살은 껍질을 벗겨 사방 1cm 크기로 썬다.

3. 팬에 포도씨유를 두르고 닭고기를 볶다가 파프리카와 소금, 후춧가루를 넣고 더 볶아서 불을 끈다.

재료
- 유기농 사과 …… 100g(⅓개)
- 자몽 …………… 100g(¼개)
- 조청 …………… 1작은술
- 레몬즙 ………… ½작은술

사과자몽무침

1. 유기농 사과는 껍질을 벗긴 다음 채 썰어 식촛물(물 1컵+식초 ½큰술)에 잠깐 담가둔다.

Tip! 사과를 식촛물에 잠깐 담그면 갈색으로 변하지 않아서 음식이 깔끔하답니다.

2. 자몽은 껍질을 벗긴 다음 속살을 파서 2cm 길이로 썬다.

3. 믹싱볼에 썰어놓은 사과, 자몽, 조청, 레몬즙을 넣어서 살살 버무린다.

3단계 | 지속 감량기

8일차  저녁

+ 찰보리밥
+ 오징어복분자샐러드
+ 브로콜리대추볶음
+ 레몬즙도라지생채

다이어트 100점
디톡스 90점

브로콜리대추볶음
레몬즙도라지생채
찰보리밥
오징어복분자샐러드

Dr. 이경영의 식품 노트

대추

비타민 C와 유기산이 풍부한 대추는 피로 해소 효과가 크고 천연 신경 안정제 역할을 해서 숙면을 유도해줘요. 풍부한 헤스페리딘은 비타민 C를 도와 혈관을 튼튼하게 만들어 동맥경화를 예방하지요. 또 간 기능을 향상시키고 대장의 유산균을 늘리는 데 도움이 되어 간과 장의 해독 요법에 애용됩니다. 생으로 많이 먹으면 설사를 하기 쉽기 때문에 삶거나 말려서 먹는 것이 좋고, 씨에 콜레스테롤을 줄이고 혈당을 떨어뜨리는 효과가 있어 씨까지 다져 먹으면 좋습니다. 껍질은 붉으면서 주름이 적은 것, 살은 황백색인 것으로 고르세요.

찰보리밥

재료
- 찰보리······ 20g(1⅓큰술)
- 현미······· 25g(1⅔큰술)
- 찰현미······ 5g(1작은술)
- 물··············· 1½컵

1. 찰보리와 현미, 찰현미는 잘 씻은 다음 4시간 동안 불린다.

2. 찰보리, 현미, 찰현미를 압력솥에 넣고 물을 맞춰 밥을 짓는다. 추가 2분간 돈 후 불을 끄고 압을 뺀다.

3. 뚜껑을 열어보아 수분이 남아 있으면 뚜껑을 연 채로 가열해서 수분을 날린 뒤 뚜껑을 덮어 5분간 뜸을 들인다.

Tip! 1인분 밥 짓기는 수분 조절이 까다로우므로 가급적이면 가족이 함께 먹을 양의 밥을 지으세요.

오징어복분자샐러드

재료
- 오징어············ 80g
- 바질············ 2잎(1g)
- 복분자청········ ½큰술
- 올리브오일······ 1작은술
- 후춧가루··········· 조금

1. 오징어는 내장을 뺀 것으로 구입해 손끝에 꽃소금을 조금 발라 껍질을 벗긴 다음 씻는다.

Tip! 내장을 빼지 않은 오징어를 구입했을 때는 다리를 잡아당겨 내장과 뼈, 머리를 떼어내고, 다리 쪽의 입과 눈을 제거한 뒤 조리하세요.

2. 끓는 물에 소금을 조금 넣고 오징어를 데친 다음 1cm 폭, 3cm 길이로 먹기 좋게 썬다.

3. 바질을 다져 믹싱볼에 넣은 다음 2의 오징어, 복분자청, 올리브오일, 후춧가루를 넣어서 버무린다.

브로콜리대추볶음

재료
- 브로콜리·········· 80g
- 대추········· 14g(4개)
- 저염소금······· ⅓작은술
- 후춧가루··········· 조금
- 물··············· ⅓컵

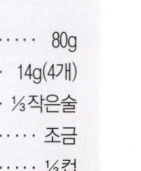

1. 브로콜리는 송이를 떼어 3cm로 썰어서 끓는 물에 소금을 조금 넣고 데친 다음 찬물에 담가 식힌다.

2. 대추는 젖은 천으로 닦은 뒤 돌려 깎아서 씨를 제거하고 채를 썰어둔다.

Tip! 씨를 잘게 다져서 같이 먹으면 혈당과 콜레스테롤 저하 효과가 있어요.

3. 팬에 물을 넣고 브로콜리와 소금을 넣어서 볶다가 대추, 후춧가루를 넣어 마저 볶는다.

레몬즙도라지생채

재료
- 도라지············ 50g
- 레몬즙·········· 1작은술
- 올리고당········ 1작은술
- 고운 고춧가루··· ⅓작은술
- 저염소금··········· 조금

1. 도라지는 다듬어 6cm 길이로 썬 다음 굵은 것은 먹기 좋게 쪼갠다.

2. 도라지를 소금물(물 1컵+소금 1작은술)에 30분간 담갔다가 건져 바락바락 주물러가며 맑은 물이 나올 정도로 씻어 물기를 제거한다.

Tip! 도라지는 이렇게 소금물에 담갔다가 조리해야 쓴맛이 나지 않는답니다.

3. 도라지를 믹싱볼에 담고 레몬즙, 올리고당, 고운 고춧가루, 소금을 넣어서 버무린다.

9일차  아침

+ 두릅씨앗밥
+ 자두닭가슴살무침
+ 감자채전
+ 달래오이생채

다이어트 **96.5점**
디톡스 **94점**

↗ 자두닭가슴살무침
↙ 두릅씨앗밥
↙ 달래오이생채
↗ 감자채전

Dr. 이경영의 식품 노트

자두
자두는 구연산, 사과산이 풍부해 피로 개선 효과가 크고, 항산화 지수가 사과나 블루베리보다 높아 서양인들이 디톡스 프로그램에 애용하는 과일이에요. 펙틴이 풍부해 예로부터 변비를 없애기 위한 민간요법에 쓰였는데, 이 성분은 껍질 쪽에 더 많으니 껍질째 먹는 것이 좋습니다. 칼륨도 풍부해서 짠 반찬이 많은 한식에 반찬 재료로 응용하면 괜찮아요. 철분이 많고 부기 해소에 효과적이어서 임산부들에게도 추천합니다. 껍질이 붉고 윤기가 있으면서 흰 가루로 덮여 있는 것으로 고르세요.

두릅씨앗밥

재료
- 현미 40g(2⅔큰술)
- 찰현미 10g(2작은술)
- 퀴노아 3g(½작은술)
- 두릅 50g
- 해바라기씨 2g(⅓작은술)
- 물 1½컵

1. 퀴노아를 제외한 현미, 찰현미는 씻어서 4시간 동안 불린다.

2. 두릅은 끓는 물에 소금을 넣어서 데친 다음 찬물에 담갔다가 물기를 제거하고 2cm 길이로 썰어둔다.

Tip! 두릅나무에 붙어 있는 것을 구입했을 때는 밑동과 순의 경계면을 잘라낸 뒤 잔가시가 많으면 칼로 살살 긁어내고 조리해주세요

3. 압력솥에 불린 현미, 찰현미를 담고 퀴노아, 두릅, 해바라기씨를 넣어 물을 맞춰 밥을 짓는다. 2분간 추가로 돈 다음 불을 끄고 압을 뺀다. 뚜껑을 연 채로 가열해서 수분을 날린 뒤 뚜껑을 덮어 5분간 뜸을 들인다.

자두닭가슴살무침

재료
- 마른 자두 5g
- 닭가슴살 40g
- 포도씨유 ¼작은술
- 저염소금 조금
- 후춧가루 조금

1. 마른 자두는 잘게 다져서 준비한다.

Tip! 시판 건자두를 써도 되고, 잘 익은 자두를 0.5cm 두께로 슬라이스해서 말려 사용해도 된답니다.

2. 닭가슴살은 찬물에 담갔다가 건져 데친 뒤 끓는 물에 30분간 삶아서 먹기 좋게 찢는다.

3. 믹싱볼에 자두, 닭가슴살, 포도씨유, 소금, 후춧가루를 넣어서 버무린다.

감자채전

재료
- 감자 100g
- 홍고추 14g(1개)
- 녹말가루 1작은술
- 저염소금 ⅛작은술
- 식용유 1큰술

1. 감자는 얇게 저며 곱게 채를 썬다. 홍고추는 짧게 채를 썬다.

2. 감자를 여러 번 물에 헹군 다음 찬물에 잠깐 담갔다가 건져 물기를 뺀다.

Tip! 감자채는 찬물에 담가 전분을 빼주어야 시들했던 것이 생생해져 전이 더 바삭하게 부쳐지지요.

3. 2의 감자채에 녹말가루, 소금, 홍고추를 넣어서 잘 섞은 다음 식용유를 두른 팬에 올려서 앞뒤로 노릇하게 굽는다.

달래오이생채

재료
- 오이 40g
- 달래 10g
- 고춧가루 ⅛작은술
- 식초 1작은술
- 저염소금 ⅛작은술
- 깨소금 ⅛작은술

1. 오이는 깨끗하게 씻은 다음 0.2cm 두께의 반달 모양으로 썬다.

2. 달래는 다듬어서 깨끗하게 씻은 다음 물에 담갔다가 물기를 제거하고 3cm 길이로 썬다.

Tip! 달래는 시든 잎을 떼고 알뿌리의 겉껍질을 벗긴 다음 큰 알은 칼등으로 누른 뒤 조리하세요.

3. 믹싱볼에 오이와 달래를 넣고 고춧가루, 식초, 소금, 깨소금을 넣어 버무린다.

9일차  점심

+ 현미토르티야
+ 파프리카닭가슴살샐러드
+ 사과계피구이

다이어트 98.1점
디톡스 94점

↱ 파프리카닭가슴살샐러드

↱ 사과계피구이

↱ 현미토르티야

Dr. 이경영의 식품 노트

계피
계피는 탄수화물 대사를 촉진하고 혈당을 낮추며 지방 축적을 줄이는 역할을 하지요. 한방에서는 자궁을 따뜻하게 하여 생리불순과 생리통을 줄여주는 약용 식품으로 쓴답니다. 다른 향신 채소랑 비교했을 때 항산화 지수는 바질의 27배, 생강의 세 배로, 활성산소를 해독하는 좋은 향신료라 할 수 있지요.

현미토르티야

재료
- 양배추 ········· 50g
- 오이 ··········· 50g

반죽
- 현미가루 ···· 40g(2⅔큰술)
- 물 ············· ⅓컵
- 저지방 우유 ······ 2큰술
- 저염소금 ········· 조금

1. 현미가루와 물을 한데 넣어 현미에 충분히 수분이 스며들도록 갠 다음 우유를 붓고 소금을 넣어 반죽한다.
2. 양배추와 오이는 곱게 채를 썰어 찬 물에 헹군 다음 물기를 제거한다.
3. 1의 반죽을 코팅이 잘된 팬에 올려 앞뒤로 노릇하게 굽는다. 2의 채소를 싸 먹기에 좋은 크기로 잘라 함께 낸다.

파프리카닭가슴살샐러드

재료
- 빨강·노랑 파프리카 ········· 75g씩
- 닭가슴살 ········· 50g
- 저염소금 ········· ⅓작은술
- 후춧가루 ········· 조금
- 포도씨유 ········· 1작은술
- 물 ············· ½컵

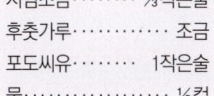

1. 파프리카는 씨를 제거하고 채를 썬 다음 물에 담갔다가 물기를 뺀다.
2. 닭가슴살도 채를 썰어서 소금, 후춧가루를 넣어 재운 다음 팬에 물을 넣고 볶는다.
3. 믹싱볼에 파프리카와 닭가슴살, 포도씨유를 넣고 섞어서 그릇에 담아 낸다.

사과계피구이

재료
- 유기농 사과 ···· 150g(½개)
- 계핏가루 ········ ½작은술
- 올리고당 ········· ½큰술

1. 사과는 깨끗하게 씻은 다음 4등분해 식촛물(물 1컵+식초 ⅓큰술)에 잠깐 담가둔다.

Tip! 사과를 식촛물에 잠깐 담그면 갈색으로 변하지 않아서 음식이 깔끔하답니다.

2. 1의 사과는 물기를 제거한 다음 0.5cm 두께로 썰어 준비한다.
3. 팬에 2의 사과를 올리고 올리고당을 넣어 구운 다음 계핏가루를 뿌려 접시에 담는다.

Tip! 사과나 파인애플을 구울 때 계피를 넣으면 과일의 단맛을 상승시켜 설탕 사용을 줄일 수 있어요.

9일차  저녁

+ 율무밥
+ 조개고구마줄기볶음
+ 더덕찹쌀구이
+ 깻잎매실생채

다이어트 **97.5점**
디톡스 **88점**

깻잎매실생채
더덕찹쌀구이
조개고구마줄기볶음
율무밥

Dr. 이경영의 식품 노트

매실

피로물질인 젖산이 혈액에 쌓이면 혈액의 산염기 평형이 깨지면서 어깨 결림, 두통 등 피로감이 높아지게 됩니다. 인체는 구연산 회로를 통해 피로물질을 분해하는데, 매실은 구연산이 풍부하여 천연 피로 해소제라 할 수 있어요. 과거에 하루 40km 이상을 뛰는 일본의 인력거꾼 도시락에 우메보시(매실장아찌)가 필수였다고 합니다. 도시락에 매실이 필수로 들어가는 것은 피로 해소 효과 때문이기도 하지만, 강한 항균 작용으로 식중독과 배앓이를 방지하기 때문이기도 했답니다. 덜 익은 매실에는 청산배당체라는 독성이 있으므로 주의해주세요.

율무밥

재료
- 율무 ········ 15g(1큰술)
- 현미 ········ 25g(1⅔큰술)
- 찰현미 ······ 10g(2작은술)
- 물 ·········· 1½컵

1

2

3

1. 율무, 현미, 찰현미는 씻어서 4시간 정도 불린다.
2. 1의 재료를 압력솥에 담고 물을 맞춰 밥을 짓는다. 2분간 추가 돈 다음 불을 끄고 압을 뺀다.
3. 뚜껑을 열어보아 수분이 남아 있으면 뚜껑을 연 채로 가열해서 수분을 날린 뒤 뚜껑을 덮어 5분간 뜸을 들인다.

Tip 1인분 밥 짓기는 수분 조절이 까다로우므로 가급적이면 가족이 함께 먹을 양의 밥을 지으세요.

조개고구마줄기볶음

재료
- 조갯살 ············ 30g
- 삶은 고구마줄기 ····· 60g
- 다진 마늘 ······ ½작은술
- 저염소금 ············ 조금
- 참기름 ········ ½작은술
- 물 ················ ⅓컵

1

2

3

1. 조갯살은 찬물에 여러 번 헹군 다음 물기를 뺀다.
2. 삶은 고구마줄기는 물에 헹궈서 물기를 제거한 다음 4cm 길이로 썰어둔다.
3. 팬에 물을 넣고 조갯살을 볶다가 고구마줄기, 다진 마늘, 소금을 넣어서 수분이 없어지도록 볶은 다음 불을 끄고 참기름을 넣어서 버무린다.

더덕찹쌀구이

재료
- 더덕 ············· 80g
- 찹쌀가루 ······ 10g(2큰술)
- 참기름 ········ ½큰술

1

2

3

1. 더덕은 껍질을 벗긴 다음 길이로 반 잘라서 방망이로 자근자근 두들겨 둔다.
2. 1의 더덕을 소금물(물 1컵+소금 1작은술)에 15분간 담가 아린 맛을 제거하고 물기를 꼭 짠다. 준비한 더덕에 찹쌀가루를 바른다.
3. 달군 팬에 참기름을 두르고 2의 더덕을 넣어서 노릇하게 굽는다.

깻잎매실생채

재료
- 깻잎 ············· 40g
- 매실청 과육 ········ 20g
- 저염간장 ······ ⅓작은술

1

2

3

1. 깻잎은 흐르는 물에 씻은 다음 물기를 제거하고 곱게 채를 썬다.
2. 채 썬 깻잎을 물에 다시 헹궈 종이타월이나 마른 천에 올려 물기를 제거한다.
3. 매실청 과육은 잘게 다진 다음 믹싱볼에 넣고 2의 깻잎, 간장과 함께 버무린다.

Tip 매실청 과육이 없을 때는 매실장아찌를 넣어도 괜찮답니다.

10일차  아침

+ 옥수수밥
+ 육원전
+ 양배추들깨볶음
+ 상추겉절이

다이어트
90.9점

디톡스
90점

양배추들깨볶음

상추겉절이

옥수수밥

육원전

Dr. 이경영의 식품 노트

상추

상추는 베타카로틴과 비타민 E가 풍부해 다이어트 중에 강해진 활성산소의 공격을 막아줘요. 푸른 잎에 풍부한 엽산은 동맥을 손상시키는 독성 강한 호모시스테인을 메티오닌으로 전환시켜 심혈관 질환을 예방합니다. 녹색이 선명할수록 엽산 함량이 많지요. 상추에 들어 있는 강력한 항산화 물질인 안토시아닌의 일종인 시아니딘 역시 체중 감량 시 나타날 수 있는 피부 노화를 막는 역할을 해요. 상추 줄기를 자르면 천연 신경 안정제 역할을 하는 락투카리움이라는 즙이 나오는데, 칼로 자르면 변색이 되니 손으로 뚝뚝 끊어 조리하는 편이 좋답니다.

옥수수밥

재료
- 생옥수수 알갱이 ······ 50g
- 현미 ············ 30g(2큰술)
- 찰현미 ·········· 15g(1큰술)
- 물 ················ 1½컵

1 옥수수는 삶아서 알갱이만 뜯어서 준비하고, 현미, 찰현미는 씻어서 4시간 정도 불린다.

2 1의 재료를 압력솥에 담고 물을 맞춰 밥을 짓는다. 추가 2분간 돈 다음 불을 끄고 압을 뺀다.

3 뚜껑을 열어보아 수분이 남아 있으면 뚜껑을 연 채로 가열해서 수분을 날린 뒤 뚜껑을 덮어 5분간 뜸을 들인다.

Tip 1인분 밥 짓기는 수분 조절이 까다로우므로 가급적이면 가족이 함께 먹을 양의 밥을 지으세요.

육원전

재료
- 달걀 ·············· ½개
- 식용유 ·········· 1작은술

반죽
- 다진 쇠고기(살코기) ·· 40g
- 두부 ·············· 30g
- 다진 마늘 ······ ⅓작은술
- 저염소금 ······ ⅓작은술
- 참기름 ·········· ¼작은술

1 쇠고기는 살코기만 다져서 준비한다. 두부는 면보에 넣고 수분이 없도록 짠 다음 으깨놓는다. 달걀은 잘 풀어 달걀물을 만든다.

2 믹싱볼에 다진 쇠고기, 두부, 다진 마늘을 넣고 소금과 참기름을 넣어서 잘 섞는다.

3 2의 반죽을 지름 5cm 크기로 동글게 빚은 다음 달걀물에 담갔다가 건져 달군 팬에 식용유를 두르고 노릇하게 지진다.

양배추들깨볶음

재료
- 양배추 ············ 70g
- 다진 마늘 ······ ⅓작은술
- 저염소금 ······ ⅓작은술
- 들깻가루 ········ ½큰술
- 물 ················ ½컵

1 양배추는 0.4cm 두께로 채를 썰어서 찬물에 헹궈둔다.

2 팬에 1의 양배추와 물을 넣고 볶다가 다진 마늘과 소금을 넣어서 더 볶는다.

3 양배추가 다 익었으면 들깻가루를 넣어서 한 번 더 섞는다.

상추겉절이

재료
- 상추 ·············· 50g
- 홍고추 ·········· 14g(1개)
- 바질씨앗 ········ 5g(1작은술)
- 저염소금 ······ ⅓작은술
- 식초 ············ 1작은술
- 고춧가루 ······ ½작은술

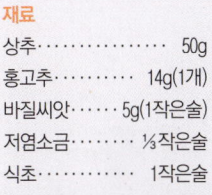

1 상추는 끝을 다듬어서 깨끗하게 씻은 뒤 2cm 폭으로 썰어서 찬물에 잠깐 담가둔다.

Tip 썰지 않고 손으로 뜯으면 상추에서 나오는 즙 색깔이 변하지 않아요.

2 준비한 상추는 면보나 종이타월에 올려 물기를 제거하고, 홍고추는 어슷하게 썬다.

3 믹싱볼에 상추, 홍고추, 바질씨앗, 소금, 식초, 고춧가루를 넣어서 버무린다.

3단계 | 지속 감량기

10일차 🍚 점심

+ 미니파프리카컵밥
+ 파래달걀전
+ 표고버섯복분자소스구이

다이어트
99.6점
디톡스
88점

파래달걀전
미니파프리카컵밥
표고버섯복분자소스구이

Dr. 이경영의 식품 노트

복분자

블랙 라즈베리로 불리는 복분자는 예로부터 꾸준히 먹으면 백발이 다시 검어진다고 해서 민간요법에서 쓰였어요. 복분자의 검은색인 안토시아닌 성분이 피로감을 줄일 뿐만 아니라 강력한 항산화, 항노화 역할을 하기 때문인 것으로 짐작됩니다. 최근에는 복분자가 위 건강을 해치는 헬리코박터파일로리균의 활동을 억제하여 장 해독을 돕는 것이 밝혀졌어요. 여성호르몬인 에스트로겐이 많이 함유되어 있어 다이어트 중에 높아질 수 있는 우울감이나 골다공증 예방에도 효과적이고요.

미니파프리카컵밥

재료
- 미니 파프리카 ······ 120g
- 참기름 ······ ⅔작은술
- 저염소금 ······ 조금

흑미수수밥
- 현미 ······ 20g(1⅓큰술)
- 흑미 ······ 5g(1작은술)
- 수수 ······ 5g(1작은술)
- 물 ······ 1¼컵

1. 현미, 흑미, 수수는 씻어 4시간 정도 불린 다음 압력솥에 담고 물을 맞춰 잡곡밥을 짓는다. 미니 파프리카는 꼭지를 자른 다음 속의 씨를 제거해 놓고, 잘라낸 꼭지 쪽은 잘게 다져 놓는다.

2. 팬에 참기름을 넣고 다져놓은 파프리카를 볶다가 밥과 소금을 넣어서 볶는다.

3. 2의 볶음밥을 미니 파프리카 속에 예쁘게 넣는다.

파래달걀전

재료
- 생파래 ······ 30g
- 달걀 ······ 1개
- 식용유 ······ 1작은술

1. 파래는 찬물에 여러 번 흔들어 깨끗하게 씻은 다음 물기를 꼭 짠다.

2. 준비한 파래를 잘게 썰어서 볼에 담은 뒤 달걀을 깨뜨려 넣고 잘 섞는다.

3. 팬에 식용유를 두른 다음 2의 파래를 한 숟가락씩 떠 올려서 앞뒤로 노릇하게 부친다.

표고버섯복분자소스구이

재료
- 생표고버섯 ······ 50g
- 복분자청 ······ 1½큰술
- 후춧가루 ······ 조금

1. 표고버섯은 밑동을 제거해 탁탁 턴 다음 비스듬히 칼을 넣어 3등분한다.

2. 팬에 표고버섯을 넣고 약한 불에서 타지 않도록 은근하게 굽는다.

3. 여기에 복분자청을 넣고 한 번 더 구운 다음 후춧가루를 뿌려서 섞는다.

3단계 | 지속 감량기

10일차  저녁

+ 기장밥
+ 주꾸미채소볶음
+ 토란고추조림
+ 숙주레몬냉채

다이어트 93.7점
디톡스 100점

토란고추조림 / 기장밥 / 주꾸미채소볶음 / 숙주레몬냉채

Dr. 이경영의 식품 노트

숙주
숙주나물은 녹두에 싹을 내서 키운 것으로 녹두보다 소화가 잘되고 칼로리가 콩나물의 ⅓ 정도로 적어요. 항산화 영양소인 베타카로틴이 풍부해서 노화 방지에 도움이 되고, 농약과 중금속에 오염된 간을 해독하므로 해독 다이어트에 적격이지요. 혈관 벽에 붙어 독성 물질로 작용하는 호모시스테인을 메티오닌으로 전환시키는 비타민 B_6도 풍부한데, 이 비타민 B_6는 단백질 대사도 돕기 때문에 다이어트 중 단백질 섭취량을 늘릴 때 함께 늘려야 해요. 찬 성질의 녹두에서 나온 나물이니까 몸이 차거나 배탈이 자주 난다면 적당량만 섭취하세요.

기장밥

재료
- 기장······ 15g(1큰술)
- 현미······ 30g(2큰술)
- 찰현미···· 10g(2작은술)
- 물········ 1½컵

1 기장, 현미, 찰현미는 씻어서 4시간 정도 불린다.

2 1의 재료를 압력솥에 담고 물을 맞춰 밥을 짓는다. 추가 2분간 돈 다음 불을 끄고 압을 뺀다.

3 뚜껑을 열어보아 수분이 남아 있으면 뚜껑을 연 채로 가열해서 수분을 날린 뒤 뚜껑을 덮어 5분간 뜸을 들인다.

Tip 1인분 밥 짓기는 수분 조절이 까다로우므로 가급적이면 가족이 함께 먹을 양의 밥을 지으세요.

주꾸미채소볶음

재료
- 주꾸미········ 90g
- 당근·········· 20g
- 양파·········· 25g
- 홍고추······ 14g(1개)
- 대파·········· 10g
- 다진 마늘···· ½작은술
- 저염소금······ 조금
- 후춧가루······ 조금
- 참기름······ 1작은술
- 물············ ⅓컵

1 주꾸미는 내장을 제거하고 밀가루(1큰술)를 넣어서 바락바락 주물러 씻은 다음 찬물에 여러 번 헹군다.

Tip 손질 안 된 주꾸미를 구입했을 때는 머리와 다리 사이에 칼집을 내어 뒤집어서 내장, 먹물, 알 등을 제거하면 된답니다.

2 당근은 반달 모양으로 썰고, 양파는 굵게 채를 썬다. 홍고추와 대파는 어슷하게 썬다.

3 팬에 물을 넣고 주꾸미를 볶다가 당근, 양파, 홍고추, 대파, 다진 마늘, 소금, 후춧가루를 넣어서 볶는다. 채소의 숨이 죽었으면 참기름을 넣고 마무리한다.

토란고추조림

재료
- 토란·········· 70g

조림장
- 홍고추······ 14g(1개)
- 물············ 1컵
- 올리고당····· 1큰술
- 저염간장···· 1작은술

1 토란은 끓는 물에 소금을 조금 넣고 살짝 삶아서 찬물에 담갔다가 껍질을 벗긴다.

Tip 토란은 소금물에 살짝 삶은 뒤 껍질을 벗겨야 손가락이 가렵거나 아린 일이 없답니다.

2 삶은 토란을 사방 2cm 크기로 깍둑 썰기 한다.

3 홍고추는 물과 같이 믹서에 갈아 올리고당, 간장을 섞어 조림장을 만든다. 냄비에 토란을 담고 조림장을 부어 중약불에서 자작해질 때까지 조린다.

숙주레몬냉채

재료
- 숙주·········· 70g
- 영양부추······ 20g
- 레몬즙······ 2큰술
- 저염소금···· ⅓작은술

1 숙주는 끝을 살짝 다듬어 찬물에 5분간 담갔다가 데친 뒤 차게 식힌다.

2 영양부추는 다듬어 씻은 뒤 숙주와 비슷한 길이로 썰어서 찬물에 담갔다가 물기를 제거해놓는다.

3 믹싱볼에 숙주와 영양부추, 레몬즙, 소금을 넣고 잘 버무린다.

8~10일차 간식 오전

모둠과일칩

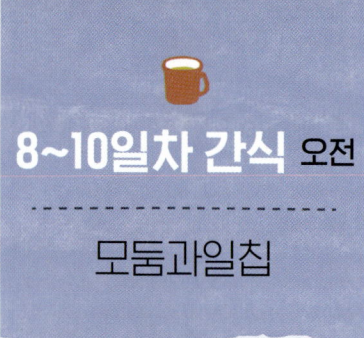

Dr. 이경영의 식품 노트

블루베리

슈퍼 푸드로 사랑받는 블루베리는 안토시아닌 함량이 매우 높아 다이어트 중 강도 높은 운동으로 늘어난 활성산소를 강력하게 청소해줘요. 검푸른 색이 선명할수록 안토시아닌이 풍부하고 야생 블루베리가 일반 블루베리에 비해 항산화 능력이 두 배 높답니다. 블루베리에는 시신경의 피로를 완화해 시력 감퇴를 예방하는 효과가 있어 인터넷과 스마트폰으로 지친 눈 건강에도 좋아요. 비타민 A와 비타민 C가 사과보다 세 배 이상 들어 있고 비타민 E도 풍부하여 다이어트 중 빨라질 수 있는 노화의 속도를 늦추는 역할도 한답니다. 다이어트의 3대 조건인 저지방, 저열량, 고식이섬유를 고루 갖춘 식품으로, 껍질에 많이 있는 펙틴이 콜레스테롤을 줄여줍니다. 물에 오래 담그면 수용성 식이섬유인 펙틴과 비타민 C가 손실될 수 있으니 재빨리 씻으세요.

재료

유기농 오렌지·귤·블루베리 ············ 50g씩

1 오렌지와 귤은 소금(1큰술)으로 겉껍질을 문질러서 헹군 다음 식촛물(물 1컵+식초 ½큰술)에 5분간 담가둔다.

2 준비한 오렌지와 귤은 껍질째 얇게 저민다.

3 오렌지, 귤, 블루베리를 채반에 겹치지 않게 올려 햇볕에 2~3일 말리거나 건조기에 넣어서 35℃로 맞춘 뒤 12시간 정도 말리면 먹기 좋다.

Tip! 냉동 블루베리를 구입했을 때는 해동하지 말고 종이타월을 깔고 말려주세요. 3일 치를 한 번에 만들어두면 편하답니다.

8~10일차 간식 오후

연근칩

Dr. 이경영의 식품 노트

연근

비타민 C가 풍부한 연근은 뇌신경을 안정시키고 피로를 풀어줘 불면증에 효과가 높아요. 연근을 자를 때 나오는 끈적이는 단백질 성분인 '뮤신'은 위벽을 보호하면서 음식 분해를 도와주어 다이어트 중 예민한 소화기를 안정시키는 고마운 존재랍니다. 또 연근의 풍부한 불용성 식이섬유는 장내 유해 물질 배출을 도와 장 해독 작용을 촉진해요. 떫은맛인 탄닌 성분은 염증을 줄여주는 역할을 해서 위염이나 위궤양이 발생했을 때 도움을 주지요. 이 탄닌 때문에 연근은 쉽게 산화되어 색이 변하는데, 삶을 때 식초를 첨가하면 갈변도 막을 수 있고 떫은맛도 줄일 수 있습니다.

재료
연근 ············· 100g

1
연근은 껍질을 벗겨 식촛물(물 1컵 + 식초 1작은술)에 담갔다가 둥근 모양을 살려 얇게 저민 다음 찬물에 헹군다.

2
준비한 연근은 끓는 물에 넣고 익을 정도로 데친 다음 찬물에 헹궈 물기를 뺀다.

3
연근을 채반에 겹치지 않게 올려 건조기에 넣어서 말린다. 건조한 날에는 선풍기 바람을 12시간 이상 쏘이면 잘 마른다.

Tip! 3일 치를 한 번에 만들어두면 편하답니다.

11일차  아침

+ 보리밥
+ 달래낙지강회
+ 취나물볶음
+ 고구마상추샐러드

다이어트 98.4점
디톡스 84점

→ 보리밥
→ 취나물볶음
↘ 달래낙지강회
↙ 고구마상추샐러드

Dr. 이경영의 식품 노트

달래
달래에 풍부한 칼슘은 신경을 안정시키는 역할을 해서 다이어트 중 예민해진 심신을 다스려줘요. 둥근 뿌리에는 매운맛의 유화프로필 성분이 많이 들어 있어 면역력을 키워줍니다. 이 매운맛은 시간이 지나면 사라지기 때문에 구입 후 빨리 먹는 것이 좋아요. 항산화 영양소인 비타민 A·C·E가 모두 풍부한 식품이라서 시너지 효과로 환경독소인 유해산소로부터 몸을 보호하고 노화도 방지할 수 있습니다. 성질이 따뜻한 채소이므로 혈액순환이 안 되어 몸이 찬 사람(하체 비만)에게 추천합니다.

보리밥

재료
- 보리······ 20g(1⅓큰술)
- 현미······ 30g(2큰술)
- 찰현미····· 10g(2작은술)
- 물········ 1⅔컵

1. 보리, 현미, 찰현미는 씻어서 4시간 정도 불린다.
2. 보리, 현미, 찰현미를 압력솥에 담고 물을 맞춰 밥을 짓는다. 추가 2분간 돈 다음 불을 끄고 압을 뺀다.
3. 뚜껑을 열어보아 수분이 남아 있으면 뚜껑을 연 채로 가열해서 수분을 날린 뒤 뚜껑을 덮어 5분간 뜸을 들인다.

Tip! 1인분 밥 짓기는 수분 조절이 까다로우므로 가급적이면 가족이 함께 먹을 양의 밥을 지으세요.

달래낙지강회

재료
- 달래······· 25g
- 낙지······· 60g
- 초고추장···· 1작은술

1. 달래는 다듬어서 끓는 물에 소금을 넣고 데친 다음 찬물에 담근다.
   Tip! 달래는 시든 잎을 떼고 알뿌리의 겉껍질을 벗긴 다음 큰 알은 칼등으로 누른 뒤 조리하세요.
2. 낙지는 밀가루(1큰술)로 문질러서 씻은 다음 끓는 물에 넣고 삶아 5cm 길이로 자른다.
3. 1의 달래의 물기를 제거한 다음 달래로 낙지를 두어 개씩 돌돌 만다. 초고추장과 함께 낸다.
   Tip! 초고추장은 고추장과 식초, 올리고당을 고추장 2, 식초 1, 올리고당 2의 비율로 섞어 만드세요.

취나물볶음

재료
- 취나물······ 70g
- 다진 마늘···· ⅓작은술
- 저염소금····· ⅓작은술
- 들기름······ ⅔작은술
- 물········· ¼컵

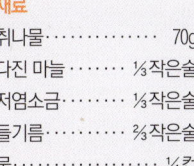
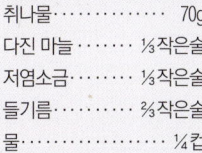
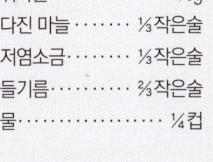

1. 취나물은 끝의 색이 변한 부분이나 누런 잎 등을 다듬는다.
2. 끓는 물에 소금을 조금 넣고 1의 취나물을 데친 다음 찬물에 담가 열기를 뺀다.
3. 2의 취나물은 물기를 꼭 짜서 다진 마늘, 소금을 넣어서 무친다. 팬에 물과 무친 취나물을 넣고 들기름을 둘러 살짝 볶는다.

고구마상추샐러드

재료
- 고구마······ 50g
- 상추······· 20g

드레싱
- 포도즙······ ½큰술
- 올리고당····· 1작은술
- 저염소금····· 조금
- 후춧가루····· 조금
- 포도씨유····· ½작은술

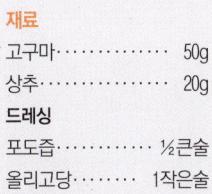

1. 고구마는 깨끗이 씻어 곱게 채를 썰어서 찬물에 담가둔다.
2. 상추는 채를 썬 다음 물에 헹궈서 물기를 제거한다.
3. 고구마를 건져 물기를 제거한 다음 상추와 함께 담는다. 포도즙, 올리고당, 소금, 후춧가루, 포도씨유를 섞어 드레싱을 만들어 버무리거나 곁들여 낸다.

11일차  점심

+ 두부견과류스테이크
+ 새송이꽈리고추샐러드
+ 밤유자무침
+ 오미자바질차

다이어트 **100점**
디톡스 **94점**

오미자바질차

밤유자무침

새송이꽈리고추샐러드

두부견과류스테이크

Dr. 이경영의 식품 노트

유자

유자에 풍부한 칼슘과 천연 유기산, 비타민 C, 리모넨 성분이 피로와 스트레스를 해소하는 데 큰 도움을 줘요. 항산화 기능이 우수한 비타민 C의 경우 '유자 〉 레몬 〉 귤 〉 자몽' 순서로 들어 있어요(유자 100g에 비타민 105mg). 유자 껍질의 나린진, 네오헤스페리딘 성분은 모세혈관의 기능을 향상시켜 산소와 영양분이 잘 순환되게 도와요. 유산소운동 후 유자차를 마시면 근육 피로를 막고 모세혈관을 강화하여 운동 효과를 높여주지요. 다이어터뿐 아니라 신경이 날카롭고 화를 잘 내는 분들께도 유자를 권합니다. 이런 분들의 경우 피로를 푸는 간 기능이 약화된 경우가 많은데 유자가 간 해독에 아주 좋기 때문이에요.

두부견과류스테이크

재료
- 두부 ············ 100g
- 호두·아몬드·캐슈너트
  ············ 5g씩
- 달걀 ············ ½개
- 저염소금 ······· ⅓작은술

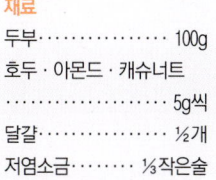
1
두부는 면보에 넣고 물기를 꼭 짜서 곱게 으깬다.

2
호두, 아몬드, 캐슈너트는 곱게 다진 다음 믹싱볼에 담아 두부, 달걀, 소금을 넣고 섞어서 잘 치댄다.

3
2의 반죽을 둥글게 빚어 도톰한 스테이크처럼 모양을 낸 다음 코팅이 잘된 팬에 타지 않도록 굽는다.

새송이꽈리고추샐러드

재료
- 새송이버섯 ······· 60g
- 꽈리고추 ········· 20g
- 포도씨유 ······· 1작은술
- 올리고당 ······· ½큰술
- 저염소금 ······· ⅓작은술
- 후춧가루 ········· 조금
- 물 ············· ⅓컵

1
새송이버섯은 0.3cm 두께의 반달 모양으로 썰어 팬에 물을 넣고 볶아 둔다.

2
꽈리고추는 끓는 물에 소금을 조금 넣고 데친 다음 찬물에 담가 식힌다. 꽈리고추의 물기를 없애고 반으로 자른다.

3
새송이버섯과 꽈리고추를 믹싱볼에 넣은 다음 포도씨유, 올리고당, 소금, 후춧가루를 넣어서 버무린다.

밤유자무침

재료
- 밤 ············· 50g
- 대추 ········· 10g(3개)
- 유자청 ········· 1큰술

1
밤은 껍질을 벗긴 다음 편으로 썰어서 찬물에 담근다.

2
대추는 젖은 면보로 닦은 다음 씨를 제거하고 곱게 채를 썬다. 유자청도 잘게 다져놓는다.

3
믹싱볼에 밤, 대추를 담고 유자청을 넣어서 버무린다.

오미자바질차

재료
- 마른 오미자 ······· 5g
- 바질 ·········· 4잎(2g)
- 뜨거운 물 ······· 1½컵

1
오미자는 체에 밭쳐 씻고, 바질도 씻어둔다.

2
냄비에 물을 끓인 다음 1의 오미자에 붓는다.

3
2의 오미자물에 바질을 넣고 오미자와 바질이 충분히 우러나도록 4시간 이상 그대로 두었다가 따뜻하게 데워 먹는다.

11일차  저녁

+ 통밀밥
+ 쇠고기양파찜
+ 양송이버섯볶음
+ 속배추겉절이

다이어트 100점
디톡스 74점

통밀밥
속배추겉절이
양송이버섯볶음
쇠고기양파찜

Dr. 이경영의 식품 노트

양파

다이어트 중 예민해진 신경을 달래는 데 양파가 도움을 줘요. 수용성 비타민인 티아민이 신경을 안정시켜 주거든요. 기름진 음식을 좋아하는 중국인들에게 비만이 적은 이유 중 하나가 음식마다 들어가는 양파 덕분이라고 해요. 자를 때 눈물이 나는 것은 매운맛 성분인 황화아릴 때문인데, 황화아릴은 체내에서 알리신으로 전환되어 지방과 당으로 끈적이는 혈관을 강력하게 청소해줍니다. 이 밖에 양파에 풍부한 쿼세틴은 활성산소를 없애고 해독을 도와주는 성분으로 아쉽게도 껍질에 많이 들어 있으니 양파로 해독 주스를 만들 때는 껍질을 살짝만 벗겨주세요.

통밀밥

재료
- 통밀········ 20g(1⅓큰술)
- 현미········ 30g(2큰술)
- 찰현미······ 10g(2작은술)
- 물·········· 1⅔컵

1. 통밀, 현미, 찰현미는 씻어서 4시간 정도 불린다.
2. 통밀, 현미, 찰현미를 압력솥에 담고 물을 맞춰 밥을 짓는다. 추가 2분간 끓인 다음 불을 끄고 압을 뺀다.
3. 뚜껑을 열어보아 수분이 남아 있으면 뚜껑을 연 채로 가열해서 수분을 날린 뒤 뚜껑을 덮어 5분간 뜸을 들인다.

Tip! 1인분 밥 짓기는 수분 조절이 까다로우므로 가급적이면 가족이 함께 먹을 양의 밥을 지으세요.

소고기양파찜

재료
- 양파·············· 80g
- 통밀가루········ 1½큰술
- **고기소**
- 다진 쇠고기(살코기)·· 50g
- 저염소금·········· 조금
- 참기름··········· ½작은술

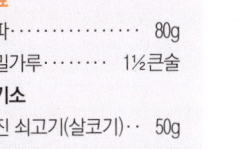

1. 믹싱볼에 다진 쇠고기와 소금, 참기름을 넣고 잘 섞어 고기소를 준비한다.
2. 양파는 껍질을 벗긴 다음 반 잘라서 모양 그대로 하나씩 분리한다.
3. 2의 양파 안쪽에 밀가루를 바른 다음 살살 털어내고 1의 소를 채운다. 김 오른 찜통에 넣고 8분간 찐다.

양송이버섯볶음

재료
- 양송이버섯········· 70g
- 홍고추··········· 14g(1개)
- 쪽파············ 5g(1줄기)
- 저염간장········ ½작은술
- 물··············· ⅓컵

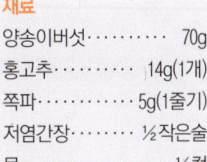
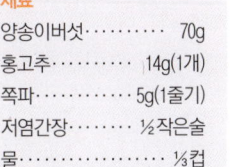

1. 양송이는 겉껍질을 벗긴 다음 4등분한다.

Tip! 양송이를 기둥 쪽에서 칼로 살살 긁으면 생각보다 쉽게 겉껍질이 벗겨진답니다.

2. 홍고추는 어슷하게 썰고, 쪽파는 송송 썬다.
3. 팬에 물을 넣고 1의 양송이버섯을 볶다가 홍고추, 쪽파, 간장을 넣고 한 번 더 볶는다.

속배추겉절이

재료
- 속배추············· 80g
- 액젓············ ½작은술
- 고춧가루········ ½작은술
- 깨소금·········· ⅓작은술

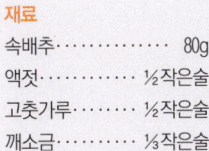

1. 속배추는 깨끗이 씻어 0.2cm 폭으로 곱게 채를 썬다.
2. 채 썬 속배추를 찬물에 5분간 담갔다가 물기를 제거한다.
3. 믹싱볼에 2의 속배추, 액젓, 고춧가루, 깨소금을 넣어 버무린다.

12일차  아침

+ 현미수수밥
+ 홍합콩나물찜
+ 상추나물
+ 배샐러드

다이어트 100점
디톡스 100점

현미수수밥
상추나물
홍합콩나물찜
배샐러드

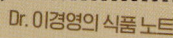 Dr. 이경영의 식품 노트

콩나물

신경안정제로 유명한 청심환의 주요 재료가 콩나물인 거 아세요? 콩나물은 아스파라긴산이 풍부해 숙취와 피로 해소를 도울 뿐 아니라 뇌와 신경을 안정시키는 티아민도 풍부해서 피로물질인 젖산을 분해함으로써 심신의 안정도 도와주지요. 콩에서 새싹을 키우는 과정에서 비타민 C를 비롯한 다양한 비타민이 증가하면서 콩나물의 항산화 기능도 강해지는데, 만약에 콩나물의 뿌리가 갈색으로 변하고 있다면 비타민 C 등 수용성 비타민이 줄고 있다는 증거랍니다. 이 밖에 콩나물에는 장운동을 촉진하는 식이섬유와 양질의 단백질과 에너지 대사를 돕는 비타민 B군도 풍부하게 들어 있으니 자주자주 상에 올리세요.

현미수수밥

재료
- 수수········ 15g(1큰술)
- 현미········ 30g(2큰술)
- 찰현미······ 10g(2작은술)
- 물············ 1½컵

1. 수수, 현미, 찰현미는 씻어서 4시간 정도 불린다.

2. 수수, 현미, 찰현미를 압력솥에 담고 물을 맞춰 밥을 짓는다. 추가 2분간 돈 다음 불을 끄고 압을 뺀다.

3. 뚜껑을 열어보아 수분이 남아 있으면 뚜껑을 연 채로 가열해서 수분을 날린 뒤 뚜껑을 덮어 5분간 뜸을 들인다.

Tip! 1인분 밥 짓기는 수분 조절이 까다로우므로 가급적이면 가족이 함께 먹을 양의 밥을 지으세요.

홍합콩나물찜

재료
- 콩나물············ 70g
- 미나리············ 20g
- 홍합살············ 50g
- 다진 마늘······ ⅓작은술
- 저염소금·········· 조금
- 참기름············ ½작은술

찹쌀물
- 찹쌀가루········ 1½큰술
- 물················ 1컵

1. 콩나물은 다듬어 씻어 찬물에 5분간 담가둔다. 미나리는 콩나물 길이보다 살짝 짧게 썰어 찬물에 담근다. 홍합살은 엷은 소금물(물 1컵+소금 1작은술)에 씻은 다음 물기를 제거한다.

2. 끓는 물에 소금을 조금 넣고 콩나물을 살짝 데친다. 찹쌀가루는 물에 개어놓는다.

3. 냄비에 콩나물, 미나리, 홍합살을 담고 다진 마늘, 소금으로 양념해 볶는다. 여기에 찹쌀물을 넣고 볶다가 불을 끈 다음 참기름을 넣는다.

상추나물

재료
- 상추·············· 100g
- 다진 마늘······ ⅓작은술
- 저염집간장······ ½작은술
- 깨소금·········· ½작은술

1. 상추는 씻은 다음 끓는 물에 소금을 조금 넣어서 데친다.

2. 데친 상추는 찬물에 헹궈서 물기를 꼭 짠 다음 2cm 폭으로 썬다.

3. 믹싱볼에 상추와 다진 마늘, 집간장, 깨소금을 넣고 무친다.

배샐러드

재료
- 배················ 100g
- 어린잎채소······ ½컵
- 오미자청········ 1작은술

1. 배는 껍질을 벗긴 다음 식촛물(물 1컵+식초 1작은술)에 담갔다가 두께 0.3cm, 길이 4cm로 채를 썬다.

2. 어린잎채소는 씻은 다음 종이타월이나 면보에 올려 물기를 제거한다.

3. 믹싱볼에 배와 어린잎채소, 오미자청을 넣어서 버무린다.

12일차 🍚 점심

+ 오트밀핫케이크
+ 쇠고기귤무침
+ 양파셀러리피클

다이어트 95.3점
디톡스 70.3점

양파셀러리피클
오트밀핫케이크
쇠고기귤무침

Dr. 이경영의 식품 노트

셀러리
서양 민간요법에서 약용식물로 쓰이는 셀러리는 특유의 향을 내는 아피인 성분이 예민해진 신경을 안정시켜 줘요. 또한 수면 호르몬 성분인 멜라토닌이 풍부하여 불면증이 있는 경우 저녁에 먹으면 효과적이랍니다. 조리할 때 줄기만 사용하고 잎은 버리는 경우가 많은데, 잎에 풍부한 항산화 영양소인 베타카로틴이 항암 효과를 높인다는 것을 기억해 주세요. 혈액 디톡스 성분으로 혈액을 맑게 유지해주고 혈전을 예방하는 파라진 성분도 잎에 많이 들어 있답니다.

오트밀핫케이크

재료
- 오트밀 ……… 40g
- 물 ……… 1큰술
- 저지방 우유 ……… ½컵
- 달걀물 ……… 1큰술(10g)
- 저염소금 ……… 조금
- 포도씨유 ……… 1작은술
- 올리고당 ……… 1큰술

1 오트밀에 물을 넣어서 골고루 잘 섞는다.

2 1의 오트밀에 우유와 달걀물, 소금을 넣어서 더 섞는다.

3 코팅이 잘된 팬에 포도씨유를 두르고 준비한 오트밀 반죽을 떠 올려 앞뒤로 노릇하게 굽는다. 올리고당을 곁들여 낸다.

소고기귤무침

재료
- 쇠고기 ……… 40g
- 귤 ……… 80g(1개)
- 민트 ……… 4잎(2g)
- 포도씨유 ……… ½작은술
- 저염소금 ……… 조금
- 후춧가루 ……… 조금

1 쇠고기는 0.3cm 두께, 4cm 길이로 채를 썬다. 달군 팬에 포도씨유를 두르고 쇠고기를 넣어 소금을 뿌려서 볶는다.

2 귤은 껍질을 벗긴 다음 2cm로 썬다. 민트는 씻어서 잘게 썰어둔다.

3 믹싱볼에 볶은 쇠고기와 귤, 민트, 후춧가루를 넣고 버무린다.

양파셀러리피클

재료
- 양파 ……… 50g
- 셀러리 ……… 20g

피클주스
- 마늘 ……… 3g(1쪽)
- 식초 ……… 1작은술
- 조청 ……… 1작은술
- 저염소금 ……… ⅓작은술
- 통후추 ……… ½작은술
- 월계수잎 ……… 1장
- 물 ……… ⅔컵

1 양파는 굵게 채를 썰고, 셀러리는 1cm 길이로 썬다.

2 분량의 피클주스 재료를 냄비에 넣고 끓인다.

3 2의 피클주스가 뜨거울 때 양파와 셀러리에 붓고 뚜껑을 덮어서 그대로 식힌 다음 냉장해두고 먹는다.

12일차 🍚 저녁

+ 조밥
+ 새우자몽샐러드
+ 달래연근무침
+ 양배추생채

→ 조밥

다이어트
92.6점
─────
디톡스
100점

↙ 양배추생채

↙ 달래연근무침

↙ 새우자몽샐러드

Dr. 이경영의 식품 노트

자몽
자몽은 구연산이 풍부해서 다이어트할 때 대사 노폐물로 피로해진 몸을 회복시켜 줘요. 비타민 C가 많이 들어 있어 미백 효과가 높고 칼로리가 귤보다 낮아 다이어트 과일로 인기랍니다. 단백질 다이어트로 알려진 '덴마크 다이어트'의 부작용을 어느 정도 줄여주는 것이 바로 자몽이에요. 과육이 흰 것보다 붉은 것이 리코펜 함량이 높아 항산화 효과도 더 크지요. 리코펜은 활성소의 작용을 줄여 위암, 대장암, 전립선암 예방에 도움을 주는데, 조리할 때 올리브오일을 소량 넣으면 그 효능을 높일 수 있답니다. 껍질을 벗길 때 과육을 감싸고 있는 속껍질은 모세혈관을 튼튼하게 만들어주는 헤스페리딘이 함유되어 있으므로 완전하게 제거하지 않는 편이 좋아요.

조밥

재료
- 차조······ 10g(2작은술)
- 현미······ 40g(2⅔큰술)
- 찰현미····· 10g(2작은술)
- 물········ 1⅔컵

1. 차조, 현미, 찰현미는 씻어서 4시간 정도 불린다.

2. 차조, 현미, 찰현미를 압력솥에 담고 물을 맞춰 밥을 짓는다. 추가 2분간 돈 다음 불을 끄고 압을 뺀다.

3. 뚜껑을 열어보아 수분이 남아 있으면 뚜껑을 연 채로 가열해서 수분을 날린 뒤 뚜껑을 덮어 5분간 뜸을 들인다.

Tip 1인분 밥 짓기는 수분 조절이 까다로우므로 가급적이면 가족이 함께 먹을 양의 밥을 지으세요.

새우자몽샐러드

재료
- 새우살······ 60g
- 자몽······· 200g(½개)
- 후춧가루····· 조금
- 올리브오일···· ½작은술

1. 새우살은 끓는 물에 소금을 조금 넣어서 데친 다음 식힌다.

2. 자몽은 껍질을 소금으로 문질러 씻은 다음 속살만 파서 2cm로 썬다.

3. 믹싱볼에 새우살, 자몽, 후춧가루, 올리브오일을 넣어서 버무린다.

달래연근무침

재료
- 달래······ 20g
- 연근······ 40g
- 홍고추····· 14g(1개)
- 저염소금···· ⅓작은술

1. 달래는 깨끗하게 씻은 다음 3cm 길이로 썬다.

Tip 달래는 시든 잎을 떼고 알뿌리의 겉껍질을 벗긴 다음 큰 알은 칼등으로 누른 뒤 조리하세요.

2. 연근은 껍질을 벗긴 다음 식촛물(물 1컵+식초 1작은술)에 잠깐 담갔다가 길이로 반 갈라 0.2cm 두께의 반달 모양으로 썰어서 끓는 물에 데친 다음 식혀놓는다. 홍고추는 어슷하게 썬다.

3. 믹싱볼에 달래, 연근, 홍고추, 소금을 넣고 버무린다.

양배추생채

재료
- 양배추······ 70g
- 저염소금····· ⅓작은술
- 식초······· 1작은술
- 고춧가루····· ½작은술
- 깨소금······ ½작은술

1. 양배추는 곱게 채를 썬다.

2. 채 썬 양배추를 찬물에 5분간 담근 다음 물기를 제거한다.

3. 믹싱볼에 양배추, 소금, 식초, 고춧가루, 깨소금을 넣고 버무린다.

13일차 아침

+ 귀리밥
+ 코다리구이
+ 두릅된장무침
+ 취나물들깨볶음

다이어트 100점
디톡스 78점

취나물들깨볶음
두릅된장무침
귀리밥
코다리구이

Dr. 이경영의 식품 노트

두릅
산나물의 제왕이라고 알려진 두릅은 비타민 E가 풍부하여 암을 예방하고 노화를 방지해요. 주로 데쳐서 초고추장을 곁들여 먹지만, 기름을 두르고 전을 부치거나 참기름에 무치면 비타민 E의 항산화 기능을 강화시킬 수 있답니다. 두릅에 풍부한 엽산은 동맥경화의 원인이 되는 호모시스테인의 농도를 줄여 심혈관 질환 예방에 좋고, 칼륨은 짜게 먹는 한국인의 체액에 쌓인 나트륨을 배출시키는 데 도움을 주지요. 특유의 향과 맛은 피로 해소에 좋은 사포닌 덕분이랍니다.

귀리밥

재료
- 귀리········ 15g(1큰술)
- 현미········ 25g(1⅔큰술)
- 찰현미······ 10g(2작은술)
- 물············ 1½컵

1 귀리, 현미, 찰현미는 씻어서 4시간 정도 불린다.

2 귀리, 현미, 찰현미를 압력솥에 담고 물을 맞춰 밥을 짓는다. 추가 2분간 돈 다음 불을 끄고 압을 뺀다.

3 뚜껑을 열어보아 수분이 남아 있으면 뚜껑을 연 채로 가열해서 수분을 날린 뒤 뚜껑을 덮어 5분간 뜸을 들인다.

Tip! 1인분 밥 짓기는 수분 조절이 까다로우므로 가급적이면 가족이 함께 먹을 양의 밥을 지으세요.

코다리구이

재료
- 코다리살········ 70g
- 맛술············ 1작은술
- 포도씨유······ 1작은술
- 후춧가루········ 조금

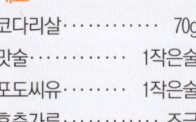

1 코다리는 잔뼈를 제거한 다음 3cm 길이로 토막 내서 물에 한 번 헹군다.

2 준비한 코다리는 물기를 제거한 다음 맛술을 뿌려서 재운다.

3 팬에 포도씨유를 두른 다음 코다리를 올리고 후춧가루를 고루 뿌려 앞뒤로 노릇하게 굽는다.

두릅된장무침

재료
- 두릅············ 80g
- 된장·········· ½작은술
- 참기름········ ½작은술

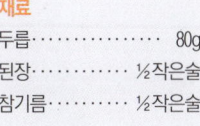

1 두릅은 뿌리 쪽의 보랏빛 껍질을 제거한 뒤 줄기의 가시를 손질한다. 끓는 물에 소금을 넣어 데친 다음 헹궈서 찬물에 담가 열기를 식힌다.

2 준비한 두릅은 물기를 제거하고 3cm 길이로 썬다.

3 믹싱볼에 두릅을 담고 된장, 참기름을 넣어서 고루 무친다.

취나물들깨볶음

재료
- 마른 취나물········ 20g
- 다진 마늘······ ½작은술
- 저염간장······ ½작은술
- 들기름········ ½작은술
- 들깻가루······ 2작은술
- 물················ ½컵

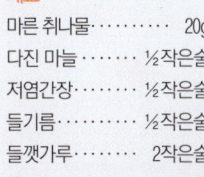

1 마른 취나물은 끓는 물에 넣어서 부드러워지도록 삶은 다음 그대로 식혔다가 물에 여러 번 헹궈 쓴맛을 우린다.

Tip! 취나물을 말리면 쓴맛이 많이 나요. 삶아서 여러 번 헹궈가며 쓴맛을 우리고 조리하세요.

2 삶은 취나물은 물기를 제거한 다음 2cm 길이로 썬다. 취나물을 볼에 담고 다진 마늘, 간장, 들기름을 넣어서 무친다.

3 달군 팬에 2의 취나물과 물을 넣어서 자작하게 볶은 다음 들깻가루를 넣어 버무린다.

3단계 지속 감량기

13일차  점심

+ 대추견과류볶음밥
+ 브로콜리전
+ 파인애플홍초샐러드

다이어트 **93점**
디톡스 **100점**

→ 파인애플홍초샐러드
← 대추견과류볶음밥
← 브로콜리전

Dr. 이경영의 식품 노트

홍초
식초는 대표적인 알칼리성식품으로 예부터 어혈을 제거하고 신진대사를 촉진하는 식품으로 사랑받았지요. 풍부한 유기산이 피로물질인 젖산을 빠르게 분해하여 혈액과 근육의 피로를 낮추고 인스턴트 음식과 육류 중심의 식습관으로 산성화된 체질을 개선해줍니다. 식초의 초산은 부신피질 호르몬을 자극하여 스트레스가 쌓이지 않도록 돕지요. 그중 홍초는 석류와 같은 천연 과일을 발효시킨 것으로 다양한 폴리페놀 성분을 첨가해 항산화 기능이 뛰어납니다. 그러나 시판 제품 중에는 단맛을 추가해 칼로리가 높은 것도 많아서 물처럼 마시는 건 곤란해요.

대추견과류볶음밥

재료
- 대추 30g(9개)
- 호두·아몬드 5g씩
- 올리브오일 ½작은술
- 저염소금 조금
- 후춧가루 조금

현미밥
- 현미 35g(2⅓큰술)
- 물 1¼컵

1 대추는 젖은 천으로 닦은 다음 살만 발라 사방 0.5cm 크기로 썬다. 호두, 아몬드는 굵직하게 다진다.

2 현미는 씻어서 4시간 동안 불린 다음 압력솥에 밥을 안친다. 추가 2분간 돈 다음 압을 빼고 뚜껑을 연 채로 가열해서 수분을 날린 뒤 뜸을 들인다.

3 팬에 올리브오일을 두르고 밥을 볶다가 대추, 호두, 아몬드, 소금, 후춧가루를 넣어서 더 볶는다.

브로콜리전

재료
- 브로콜리 60g
- 달걀 1개
- 저염소금 ⅓작은술
- 식용유 ½큰술

1 브로콜리는 송이를 떼어 3cm 크기로 썬 다음 끓는 물에 소금을 조금 넣고 데친다.

2 데친 브로콜리는 얼른 찬물에 담가 열기를 빼고 물기를 제거한 다음 잘게 다진다.

Tip! 푸른빛 채소는 데친 뒤 찬물에 재빨리 담가야 색이 곱고 맛도 좋답니다.

3 다진 브로콜리와 달걀, 소금을 믹싱볼에 넣어서 잘 섞는다. 달군 팬에 식용유를 살짝 두른 다음 반죽을 한 숟가락씩 떠 올려서 전을 부친다.

파인애플홍초샐러드

재료
- 파인애플 60g
- 양상추 20g
- 홍초 ½큰술
- 후춧가루 조금

1 파인애플은 껍질을 벗긴 다음 사방 2cm 크기로 썰어서 준비한다.

2 양상추는 먹기 좋게 뜯어서 찬물에 5분간 담가둔다.

3 양상추를 건져 물기를 제거한 다음 믹싱볼에 담는다. 여기에 파인애플, 홍초, 후춧가루를 넣고 버무린다.

13일차  저녁

+ 약콩밥
+ 삼치조림
+ 콩나물겨자채
+ 연근초무침

다이어트 **80.7점**
디톡스 **94점**

연근초무침
약콩밥
삼치조림
콩나물겨자채

Dr. 이경영의 식품 노트

약콩

쥐눈과 비슷하게 생긴 조그마한 검은콩인 쥐눈이콩은 약효가 높아 약콩이라 불려요. 일반 콩보다 안토시아닌이 풍부해서 노화 방지 효과가 높지요. 민간요법에서는 해독제로 많이 활용됩니다. 콩 단백질에 풍부한 트립토판은 수면 호르몬인 멜라토닌의 구성 물질로 밤에 수면 장애가 있을 때 도움을 줘요. 또한 콩에는 신경전달물질인 아세틸콜린의 구성 성분인 콜린이 풍부하여 기억력과 집중력을 향상시키고 치매를 예방합니다. 콩에 부족한 필수아미노산인 메티오닌을 쌀로 보충할 수 있고, 쌀에 부족한 라이신은 콩을 통해 섭취할 수 있어서 쌀밥에 콩을 넣어 먹으면 궁합이 좋아요.

약콩밥

재료
- 약콩 ········ 15g(1큰술)
- 현미 ········ 30g(2큰술)
- 찰현미 ······ 10g(2큰술)
- 물 ·········· 1½컵

1 약콩, 현미, 찰현미는 씻어서 4시간 정도 불린다.

2 1의 재료를 압력솥에 담고 물을 맞춰 밥을 짓는다. 추가 2분간 둔 다음 불을 끄고 압을 뺀다.

3 뚜껑을 열어보아 수분이 남아 있으면 뚜껑을 연 채로 가열해서 수분을 날린 뒤 뚜껑을 덮어 5분간 뜸을 들인다.

Tip! 1인분 밥 짓기는 수분 조절이 까다로우므로 가급적이면 가족이 함께 먹을 양의 밥을 지으세요.

삼치조림

재료
- 삼치 ········ 70g
- 무 ·········· 20g
- 대파 ········ 10g

조림장
- 홍고추 ······ 7g(½개)
- 물 ·········· 1컵
- 다진 마늘 ···· ⅓작은술
- 저염간장 ···· ½큰술

1 삼치는 내장을 제거한 다음 물기를 빼고 칼집을 넣는다. 무는 도톰하게 썰고, 대파는 어슷하게 썬다.

2 홍고추와 물을 믹서에 넣고 곱게 간 다음 다진 마늘, 간장을 넣어 섞어 조림장을 만든다.

3 냄비에 무를 깔고 삼치를 넣은 뒤 조림장을 끼얹어 자작하게 조리다가 대파를 넣고 조금 더 조린다.

콩나물겨자채

재료
- 콩나물 ······ 70g
- 피망 ········ 13g
- 당근 ········ 20g

겨자소스
- 발효겨자 ···· ⅓작은술
- 올리고당 ···· 1작은술
- 식초 ········ 1작은술
- 저염소금 ···· ⅛작은술
- 참기름 ······ ⅔작은술
- 물 ·········· 1큰술

1 콩나물은 다듬어 씻어 찬물에 5분간 담가둔다.

2 피망과 당근은 곱게 채를 썰어서 찬물에 담갔다가 물기를 제거한다. 분량의 재료를 한데 넣고 섞어 겨자소스를 만든다.

3 준비한 콩나물은 끓는 물에 소금을 조금 넣어서 데친 다음 식힌다. 삶은 콩나물, 피망, 당근을 한데 담고 준비한 겨자소스로 버무린다.

연근초무침

재료
- 연근 ········ 50g
- 저염소금 ···· ⅛작은술
- 깨소금 ······ ⅓작은술

1 연근은 껍질을 벗긴 다음 0.2cm 두께로 썰어서 물에 헹군다.

2 1의 연근은 식촛물(물 1컵+식초 ½큰술)에 30분간 담가둔다.

3 2의 연근의 물기를 제거한 다음 소금, 깨소금을 넣어서 버무린다.

11~13일차 간식 오전

통곡물시리얼

Dr. 이경영의 식품 노트

귀리

귀리는 식이섬유가 현미의 세 배에 이를 정도로 풍부해서 서양에서는 이미 해독 프로그램에 많이 사용하고 있어요. 귀리가루에 소금, 설탕, 우유를 넣어 오트밀 형태로 즐긴답니다. 불포화지방산이 많아 콜레스테롤을 줄이고 심혈관 질환을 예방하기 위한 식사요법에도 많이 활용돼요. 당을 떨어뜨리는 효과가 높고 포만감이 오래가서 다이어트용 빵이나 과자에 첨가하기도 합니다. 하지만 귀리에는 글루텐 단백질이 포함되어 있으니 혹시 글루텐 민감성을 가지고 있다면 귀리 대신 메밀을 넣어주세요.

재료
귀리 ········ 5g(1작은술)
메밀 ········ 5g(1작은술)
현미 ········ 15g(1큰술)

1 분량의 귀리, 메밀, 현미를 물에 살살 씻는다.

2 귀리, 메밀, 현미를 종이타월이나 면보에 얹어서 물기를 제거한다.

3 팬에 귀리, 메밀, 현미를 넣고 알이 톡톡 터질 정도로 10분 정도 볶는다.

Tip! 3일 치를 한 번에 만들어두면 편하답니다.

11~13일차 간식 오후

허브키위주스

Dr. 이경영의 식품 노트

키위

키위는 혈액 응고를 막아 뇌졸중, 심장병의 위험을 줄이는 아스피린과 비슷한 역할을 해요. 서양에는 약 대신 키위로 환자들의 만성질환을 줄이는 의사들도 있을 정도죠. 또 유해산소를 제거하는 능력이 뛰어나 마라톤같이 장시간 운동을 하는 운동선수들이 즐겨 먹는답니다. 단백질을 분해하는 효소인 액티니딘이 풍부하니까 고기와 함께 먹으면 좋고요. 껍질이 녹색인 키위가 골드키위보다 칼로리가 높다니 다이어터라면 골드키위를 선택해야겠죠? 단, 신장결석을 만들 수 있는 옥살산이 많으니 신장 질환이나 통풍 환자는 섭취를 금해주세요.

재료
- 키위 ········ 200g
- 민트 ········ 8잎(4g)

1
키위는 씻은 다음 물기를 제거하고 껍질을 벗긴다.

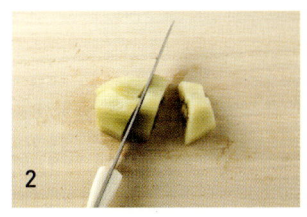

2
키위를 믹서에 넣기 좋게 썰고, 민트도 씻어서 물기를 제거한다.

3
믹서에 키위와 민트를 넣어서 곱게 간다.

Tip! 민트 대신 레몬밤, 애플민트, 파인애플세이지 등을 넣어도 괜찮아요.

14일차 아침

+ 무굴밥
+ 표고버섯홍삼볶음
+ 고춧잎메밀순무침
+ 더덕생채

다이어트 95.5점
디톡스 94점

표고버섯홍삼볶음
고춧잎메밀순무침
더덕생채
무굴밥

Dr. 이경영의 식품 노트

굴

굴은 남성호르몬의 작용을 활발하게 하는 아연이 풍부해 스태미나 식품으로 꼽혀요. 강도 높은 운동을 할 때 글리코겐이 듬뿍 든 굴을 먹으면 피로감을 줄일 수 있지요. 철분과 비타민 B_{12}가 풍부하여 다이어트 중 생기기 쉬운 빈혈 예방에도 효과적이고, 이 밖에도 고강도 운동으로 피로해진 간을 해독해주는 타우린을 비롯한 메티오닌, 시스테인 등 양질의 단백질이 풍부해서 육류 대체 식품으로 손색없답니다. 우윳빛이 나고 탄력이 느껴져야 신선하고, 구입 후 바로 먹어야 맛있어요. 보관할 때는 소금을 조금 넣은 찬물에 담가두면 단맛이 빠지는 것을 막을 수 있답니다.

무굴밥

재료
- 현미 ········ 30g(2큰술)
- 찰현미 ····· 25g(1⅔큰술)
- 굴 ············ 80g
- 무 ············ 40g
- 물 ············ 1½컵

1. 현미, 찰현미는 깨끗이 씻어서 4시간 동안 불린다.

2. 굴은 소금물에 흔들어 씻은 다음 물기를 제거하고, 무는 4cm 길이, 0.5cm 두께로 채 썬다.

3. 압력솥에 불린 쌀과 무, 굴을 넣고 뚜껑을 덮어 밥을 짓는다. 압력을 뺀 다음 뚜껑을 열어보아 수분이 남아 있으면 뚜껑을 연 채 그대로 다시 가열한다. 뚜껑을 덮어 5분간 뜸을 들여 그릇에 담는다.

Tip 1인분 밥 짓기는 수분 조절이 까다로우므로 가급적이면 가족이 함께 먹을 양의 밥을 지으세요.

표고버섯홍삼볶음

재료
- 마른 표고버섯 ···· 20g(2장)
- 홍고추 ········ 7g(½개)
- 홍삼가루 ······ 1작은술
- 저염소금 ······ ⅓작은술
- 참기름 ········ ½작은술
- 물 ············ ⅓컵

1. 표고버섯은 뜨거운 물에 부드러워지도록 불린다.

2. 1의 표고버섯은 채를 썰고, 홍고추는 어슷하게 썰어둔다.

3. 팬에 물을 넣고 표고버섯을 볶다가 홍고추, 홍삼가루, 소금, 참기름을 넣어서 볶는다.

고춧잎메밀순무침

재료
- 마른 고춧잎 ········ 5g
- 메밀순 ············ 30g
- 다진 마늘 ······ ½작은술
- 저염소금 ········ 조금
- 깨소금 ········ ½작은술
- 참기름 ········ ½작은술

1. 마른 고춧잎은 뜨거운 물에 넣어 부드러워지도록 불린 다음 찬물에 여러 번 헹군다.

2. 냄비에 물이 끓으면 소금을 조금 넣고 메밀순을 데친 다음 찬물에 헹궈서 물기를 제거하고 3cm 길이로 썬다.

3. 믹싱볼에 고춧잎과 메밀순을 넣고 다진 마늘, 소금, 깨소금, 참기름을 넣어 고루 버무린다.

Tip 메밀순은 대형 마트에서 쉽게 구할 수 있어요. 마트에 없으면 무순이나 미나리, 참나물 등을 넣으면 된답니다.

더덕생채

재료
- 더덕 ············ 50g

양념장
- 고춧가루 ······ ½작은술
- 고추장 ········ ½작은술
- 다진 마늘 ······ ½작은술
- 식초 ·········· ½작은술
- 올리고당 ······ 1작은술

1. 더덕은 노두를 잘라내고 껍질을 벗긴 다음 편으로 썰어서 방망이로 자근자근 두들긴다.

2. 1의 더덕을 소금물(물 1컵+소금 ½작은술)에 담갔다가 물기를 제거하고 잘게 찢어둔다.

3. 믹싱볼에 분량의 재료를 넣고 고루 섞어 양념장을 만든 다음 2의 더덕을 넣고 무친다.

4단계 감량 유지기

14일차 🍚 점심

+ 김치치즈밥
+ 아스파라거스카레샐러드
+ 뱅어포검은깨볶음

다이어트 89.9점
디톡스 100점

↖ 뱅어포검은깨볶음

↙ 아스파라거스카레샐러드

↙ 김치치즈밥

Dr. 이경영의 식품 노트

아스파라거스

피로 해소에 좋은 아스파라긴산이 처음 발견된 채소로 피로 해소는 물론 스태미나 강화, 이뇨 효과가 있어 사랑받아요. 칼슘을 도와 뼈 대사를 촉진하는 비타민 K가 풍부하여 다이어트로 인한 골다공증의 위험도 줄여줍니다. 육류와 함께 조리하면 풍부한 식이섬유와 엽산이 육류의 포화지방이 장에 쌓이는 것을 막고 동맥경화도 예방해주지요.

김치치즈밥

재료
- 현미 … 50g(3⅓큰술)
- 찰현미 … 20g(1⅓작은술)
- 김치 … 25g
- 모차렐라치즈 … 7g(1작은술)
- 물 … 1⅔컵

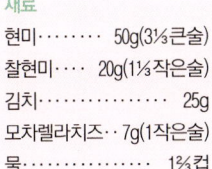
1 현미, 찰현미는 깨끗이 씻어서 4시간 동안 불린다.

2 김치는 씻어서 먹기 좋게 0.5cm 길이로 채 썬 다음 찬물에 담갔다가 건져 물기를 빼둔다.

3 압력솥에 불린 쌀과 김치를 넣고 밥을 지은 다음 그릇에 담고 치즈를 올린다.

> Tip 1인분 밥 짓기는 수분 조절이 까다로우므로 가급적이면 가족이 함께 먹을 양의 밥을 지으세요.

아스파라거스카레샐러드

재료
- 아스파라거스 … 40g
- 빨강·노랑·주황 파프리카 … 10g씩

드레싱
- 카레 … ⅔큰술
- 물 … ½컵
- 떠먹는 요구르트(플레인) … 1큰술
- 올리고당 … ½큰술

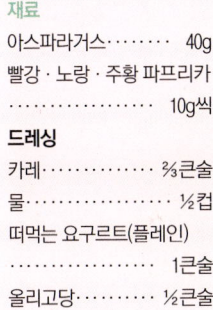
1 아스파라거스는 4cm로 썰어서 끓는 물에 데친 다음 찬물에 담가 식힌다. 파프리카는 채를 썰어놓는다.

> Tip 푸른빛 채소는 데친 뒤 찬물에 재빨리 담가야 색이 곱고 맛도 좋답니다. 수용성 비타민이 손실될 수 있으니 물에 너무 오래 담그지는 마세요.

2 냄비에 카레와 물을 넣고 풀어서 자작하게 끓인 다음 식힌다. 여기에 요구르트와 올리고당을 넣어 드레싱을 만든다.

3 드레싱에 1의 아스파라거스와 파프리카를 넣어서 버무린다.

뱅어포검은깨볶음

재료
- 뱅어포 … 5g(½장)
- 양파 … 17g(⅛개)
- 흑임자가루 … 1큰술
- 다진 마늘 … ½작은술
- 물 … ½컵

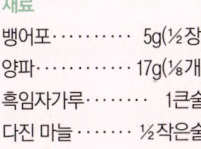
1 뱅어포는 1×3cm로 썬다. 양파는 굵게 채를 썬다.

2 팬에 물을 넣고 1의 뱅어포를 넣어 볶는다.

3 물이 거의 줄어들면 양파, 흑임자가루, 다진 마늘을 넣어서 볶는다.

4단계 감량 유지기

14일차  저녁

+ 귀리콩밥
+ 셀러리마른새우볶음
+ 전복조림
+ 근대잔멸치볶음

다이어트 **100점**
디톡스 **84점**

→ 근대잔멸치볶음
→ 귀리콩밥
→ 전복조림
→ 셀러리마른새우볶음

Dr. 이경영의 식품 노트

전복

바다의 산삼이라고 불리는 전복은 단백질이 66%를 넘고 지방이 1% 미만일 정도로 대표적인 고단백 저지방 식품이에요. 메티오닌, 시스테인과 같은 황 함유 아미노산이 풍부해서 원기 회복을 돕지요. 갑상선호르몬을 자극하는 요오드도 풍부한데, 요오드는 내장 안에 많이 들어 있으니까 가급적 내장까지 함께 드세요. 이 밖에 전복은 면역 기능과 간 기능 개선에 도움을 주고, 콜레스테롤을 줄이는 타우린도 어패류 중 가장 풍부해요. 칼슘이 부족한 편이므로 이 식단처럼 멸치나 새우 반찬과 함께 내면 좋답니다.

귀리콩밥

재료
- 귀리 20g(1⅓큰술)
- 현미 40g(2⅔큰술)
- 찰현미 10g(2작은술)
- 검은콩 5g(1작은술)
- 물 1⅔컵

1. 귀리, 현미, 찰현미, 검은콩은 깨끗이 씻어서 4시간 동안 불린다.

2. 1의 재료와 물을 압력솥에 넣고 밥을 짓는다.

3. 추의 압이 빠지면 뚜껑을 열어보아 수분이 남아 있으면 그대로 가열해서 수분을 날려버린 다음, 뚜껑을 덮어 뜸을 들인다.

Tip 1인분 밥 짓기는 수분 조절이 까다로우므로 가급적이면 가족이 함께 먹을 양의 밥을 지으세요.

셀러리마른새우볶음

재료
- 셀러리 50g
- 마른 새우 10g
- 다진 마늘 ½작은술
- 참기름 ½작은술
- 물 ⅓컵

1. 셀러리는 겉의 섬유질을 제거한 다음 4cm로 썬다.

2. 팬에 물을 넣고 마른 새우를 볶는다.

3. 2의 새우가 부드러워지면 셀러리, 다진 마늘, 참기름을 넣어서 볶는다.

전복조림

재료
- 미니 전복 90g(3개)
- 청경채 30g
- 생강 5g

조림장
- 홍고추 14g(1개)
- 물 ⅓컵
- 저염간장 ½작은술
- 올리고당 ½큰술
- 후춧가루 조금

1. 전복은 숟가락으로 껍질과 분리하고 내장을 제거한 다음 씻어둔다. 청경채는 3cm 폭으로 썰고, 생강은 편으로 썬다.

2. 홍고추는 물과 함께 믹서에 곱게 간 다음 간장과 올리고당, 후춧가루를 넣고 섞어 조림장을 만든다.

3. 팬에 전복과 2의 조림장, 생강을 넣고 끓이다가 청경채를 넣고 더 조려서 낸다.

근대잔멸치볶음

재료
- 잔멸치 10g
- 근대 50g
- 바질씨앗 1작은술
- 저염간장 ½작은술
- 참기름 ⅓작은술

1. 잔멸치는 체에 밭쳐 물에 헹궈서 물기를 제거한다.

2. 근대는 찬물에 깨끗이 씻어서 2cm 폭으로 썰어서 준비한다.

3. 팬에 1의 잔멸치와 간장을 넣어서 볶다가 근대를 넣고 한 번 더 볶은 다음 불을 끈다. 바질씨앗과 참기름을 넣고 살살 뒤적인다.

4단계 | 감량 유지기

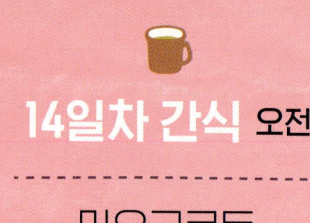

14일차 간식 오전
마요구르트

Dr. 이경영의 식품 노트

마

원기 회복에 도움을 주는 마는 비타민 B군이 풍부하여 에너지 대사를 돕고 남성호르몬인 테스토스테론을 증가시켜 스태미나식으로 사랑받아요. 같은 뿌리채소인 우엉이나 연근을 생으로 먹으면 배탈이 나지만 마에는 전분을 분해하는 아밀라아제가 풍부해서 생으로 즐겨도 괜찮답니다. 다이어트 후 식사량을 늘릴 때 소식으로 약해진 위 운동을 촉진하기 위해 마를 활용하면 좋아요. 마의 점액 성분인 뮤신이 위벽을 보호해 다이어트 중 생길 수 있는 위염을 예방하지요. 탄수화물 섭취가 늘어 혈당 조절이 어려울 때도 마의 데오스코란 성분이 혈당을 낮춰주며, 풍부한 칼륨은 나트륨 함량이 많은 한식의 균형을 잡아줍니다.

재료
마 ·············· 40g
떠먹는 요구르트(플레인)
·············· 100g(⅗컵)

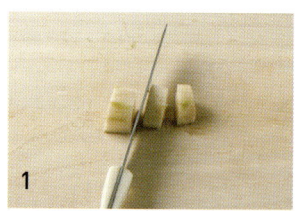

1 마는 장갑을 끼고서 껍질을 벗긴 뒤 믹서에 갈기 좋도록 적당한 크기로 썬다.

2 믹서에 2의 마와 요구르트를 넣어서 잘 간다.

14일차 간식 오후

호두검은깨강정

Dr. 이경영의 식품 노트

호두, 검은깨

흑임자라고 불리는 검은깨에는 항산화 성분인 리그닌이 풍부하여 활성산소의 공격으로부터 혈관을 지켜줘요. 호두는 수면 호르몬인 멜라토닌 분비를 높여 뇌에 축적되는 활성산소의 공격을 막아 치매를 예방해주지요. 또 검은깨와 호두에 풍부한 레시틴은 뇌세포의 구성 물질로 뇌의 인지 능력을 높여줍니다. 검은깨와 호두에 풍부한 알파리놀렌산은 콜레스테롤을 줄여주어 심상과 혈관 건강의 개선에 효과가 크지만 상온에 오래 두면 산패되기 쉬운 불포화지방산이에요. 따라서 소량씩 구매하는 게 좋지요. 호두는 항산화 효과가 높은 레스베라트롤이 속껍질에 풍부하므로 속껍질째 조리할 것을 권합니다.

재료

- 호두 알맹이 ······ 10g(3알분)
- 검은깨 ········· 3작은술
- 조청 ············ ½큰술

1 호두는 껍질을 벗긴 다음 사방 0.5cm 크기로 굵게 다진다.

2 냄비에 조청을 끓이다가 호두, 검은깨를 넣어서 섞는다.

3 조그마한 틀에 2의 강정을 넣어 상온에서 굳힌다.

SPECIAL 01 — 2주 식단과 요리별 칼로리

1단계 강력 청소기

	아침		오전 간식		점심		오후 간식		저녁		총칼로리(kcal)
1일차	브로콜리밥과 비빔청국장 두부버섯찜 부추숙주나물 무청들기름볶음	154.9 99.1 39.2 113.5	우엉칩	49.6	고구마두유구이 콜리플라워샐러드 피망피클	231.8 53.9 52.6	흑미두유	90.9	흑미콩밥 토란전 매운양배추묵무침 곤약미나리무침	180.6 74.0 55.5 29.8	1225.4
칼로리	406.7		49.6		338.3		90.9		339.9		

2단계 집중 감량기

	아침		오전 간식		점심		오후 간식		저녁		총칼로리(kcal)
2일차	메밀현미밥 북어마늘볶음 콩나물잡채 미역무무침	170.6 107.4 47.0 72.2	완두콩라테	68.6	낙지달걀볶음밥 오이생채 김자반	369.5 6.9 24.1	바나나민트구이	98.0	모둠콩밥 조기조림 피망잡채 매생이숙주무침	173.2 156.5 31.7 33.6	1359.3
칼로리	397.2		68.6		400.5		98.0		395.0		
3일차	매생이발아현미밥 닭가슴살청경채볶음 열무무침 양송이홍고추조림	181.9 96.4 34.0 57.1	완두콩라테	68.6	북어밥과 달래장 오색채소볶음 파래김자반	222.7 84.6 81.6	바나나민트구이	98.0	모둠콩밥 닭가슴살샐러드 다시마낙지말이 매콤시금치무침	173.2 119.0 40.9 41.2	1299.2
칼로리	369.4		68.6		388.9		98.0		374.3		
4일차	메밀현미밥 갈치양념구이 깻잎콩가루찜 얼갈이생채	170.6 156.7 52.7 13.9	완두콩라테	68.6	닭고기버섯밥 양상추요구르트샐러드 마늘종볶음	250.3 102.8 47.3	바나나민트구이	98.0	모둠콩밥 단호박두부찜 브로콜리초무침 미역미나리무침	173.2 81.5 28.8 68.0	1312.4
칼로리	393.9		68.6		400.4		98.0		351.5		
5일차	메밀현미밥 대구찹쌀찜 열무콩가루볶음 쪽파김무침	170.6 135.1 71.5 44.6	홍고추부각	96.4	묵은지채소김밥 닭가슴살홍고추조림 죽순양파볶음	242.2 115.2 25.9	고구마요구르트	102.7	모둠콩밥 꽁치조림 청경채매운볶음 무비트피클	173.2 194.8 10.4 32.2	1414.8
칼로리	421.8		96.4		383.3		102.7		410.6		
6일차	메밀현미밥 오징어돌나물샐러드 감자양념조림 느타리버섯나물	170.6 103.1 75.6 28.7	홍고추부각	96.4	다시마마늘밥 꽃게살전 가지찜	203.8 153.8 33.6	고구마요구르트	102.7	모둠콩밥 고등어구이 쌈배추생채 톳나물무무침	173.2 195.1 5.7 26.9	1369.2
칼로리	378.0		96.4		391.2		102.7		400.9		
7일차	메밀현미밥 조기허브구이 달걀소말이 우엉조림	170.6 110.8 93.1 48.9	홍고추부각	96.4	주꾸미주먹밥 바질토마토샐러드 단호박후추볶음	239.7 71.9 24.1	고구마요구르트	102.7	모둠콩밥 문어미역무침 애호박견과류볶음 꽈리고추양념찜	173.2 61.1 97.2 39.2	1328.9
칼로리	423.4		96.4		335.7		102.7		370.7		

3단계 지속 감량기

	아침		오전 간식		점심		오후 간식		저녁		총칼로리(kcal)
8일차	팥밥 쇠고기유자무침 양파견과류볶음 달래매실겉절이	171.3 93.0 122.0 16.1	모둠과일칩	67.0	파인애플볶음밥 파프리카닭고기볶음 사과자몽무침	231.0 97.9 103.0	연근칩	67.0	찰보리밥 오징어복분자샐러드 브로콜리대추볶음 레몬즙도라지생채	176.9 132.7 63.8 56.8	1398.5
칼로리	402.4		67.0		431.9		67.0		430.2		
9일차	두릅씨앗밥 자두닭가슴살무침 감자채전 달래오이생채	202.2 67.1 190.9 21.2	모둠과일칩	67.0	현미토르티야 파프리카닭가슴살샐러드 사과계피구이	186.9 128.4 108.6	연근칩	67.0	율무밥 조개고구마줄기볶음 더덕찹쌀구이 깻잎매실생채	181.4 62.5 143.7 33.6	1460.5
칼로리	481.4		67.0		423.9		67.0		421.2		
10일차	옥수수밥 육원전 양배추들깨볶음 상추겉절이	230.2 185.2 45.7 17.7	모둠과일칩	67.0	미니파프리카컵밥 파래달걀전 표고버섯복분자소스구이	157.1 128.9 77.8	연근칩	67.0	기장밥 주꾸미채소볶음 토란고추조림 숙주레몬냉채	195.0 114.6 69.2 20.4	1375.8
칼로리	478.8		67.0		363.8		67.0		399.2		
11일차	보리밥 달래낙지강회 취나물볶음 고구마상추샐러드	211.2 51.0 53.7 105.9	통곡물시리얼	83.3	두부견과류스테이크 새송이파리고추샐러드 밤유자무침 오미자바질차	209.5 79.0 148.5 1.4	허브키위주스	118.0	통밀밥 쇠고기양파찜 양송이버섯볶음 속배추겉절이	209.8 172.6 19.2 19.1	1482.2
칼로리	421.8		83.3		438.4		118.0		420.7		
12일차	현미수수밥 홍합콩나물찜 상추나물 배샐러드	197.0 122.1 30.5 58.2	통곡물시리얼	83.3	오트밀핫케이크 쇠고기귤무침 양파셀러리피클	292.0 122.2 42.7	허브키위주스	118.0	조밥 새우자몽샐러드 달래연근무침 양배추생채	213.9 176.4 37.7 33.9	1527.9
칼로리	407.8		83.3		456.9		118.0		461.9		
13일차	귀리밥 코다리구이 두릅된장무침 취나물들깨볶음	172.1 124.8 39.0 94.0	통곡물시리얼	83.3	대추견과류볶음밥 브로콜리전 파인애플홍초샐러드	286.3 157.7 18.7	허브키위주스	118.0	약콩밥 삼치조림 콩나물겨자채 연근초무침	165.6 141.1 83.9 42.4	1526.9
칼로리	429.9		83.3		462.7		118.0		433		

4단계 감량 유지기

	아침		오전 간식		점심		오후 간식		저녁		총칼로리(kcal)
14일차	무굴밥 표고버섯홍삼볶음 고춧잎메밀순무침 더덕생채	281.0 89.1 52.2 55.1	마요구르트	128.6	김치치즈밥 아스파라거스카레샐러드 뱅어포검은깨볶음	273.7 63.0 61.6	호두검은깨강정	118.4	귀리콩밥 셀러리마른새우볶음 전복조림 근대잔멸치볶음	261.3 60.5 102.2 48.1	1594.8
칼로리	477.4		128.6		398.3		118.4		472.1		

SPECIAL 02 — 2주 식단과 요리별 나트륨

1단계 강력 청소기

	아침		오전 간식		점심		오후 간식		저녁		총나트륨(mg)
1일차	브로콜리밥과 비빔청국장 두부버섯찜 부추숙주나물 무청들기름볶음	289.8 195.7 134.5 284.4	우엉칩	4.0	고구마두유구이 콜리플라워샐러드 피망피클	53.2 208.9 206.9	흑미두유	55.2	흑미콩밥 토란전 매운양배추묵무침 곤약미나리무침	1.3 156.0 223.3 127.8	1941.0
나트륨	904.4		4.0		469.0		55.2		508.4		

2단계 집중 감량기

	아침		오전 간식		점심		오후 간식		저녁		총나트륨(mg)
2일차	메밀현미밥 북어마늘볶음 콩나물잡채 미역무무침	1.2 39.5 191.7 140.9	완두콩라테	60.1	낙지달걀볶음밥 오이생채 김자반	201.3 192.5 49.4	바나나민트구이	2.0	모둠콩밥 조기조림 피망잡채 매생이숙주무침	2.7 380.2 190.8 53.5	1505.7
나트륨	373.2		60.1		443.2		2.0		627.2		
3일차	매생이발아현미밥 닭가슴살청경채볶음 열무무침 양송이홍고추조림	106.0 216.1 213.3 136.7	완두콩라테	60.1	북어밥과 달래장 오색채소볶음 파래김자반	154.3 162.1 111.7	바나나민트구이	2.0	모둠콩밥 닭가슴살샐러드 다시마낙지말이 매콤시금치무침	2.7 246.5 264.3 315.0	1990.8
나트륨	672.1		60.1		428.1		2.0		828.5		
4일차	메밀현미밥 갈치양념구이 깻잎콩가루찜 얼갈이생채	1.2 320.1 195.9 192.9	완두콩라테	60.1	닭고기버섯밥 양상추요거트샐러드 마늘종볶음	47.7 4.8 243.0	바나나민트구이	2.0	모둠콩밥 단호박두부찜 브로콜리초무침 미역미나리무침	2.7 125.4 227.4 336.3	1759.5
나트륨	710.1		60.1		295.5		2.0		691.8		
5일차	메밀현미밥 대구찹쌀찜 열무콩가루볶음 쪽파김무침	1.2 121.8 169.8 215.4	홍고추부각	5.0	묵은지채소김밥 닭가슴살홍고추조림 죽순양파볶음	120.8 235.6 237.7	고구마요구르트	7.5	모둠콩밥 꽁치조림 청경채매운볶음 무비트피클	2.7 332.6 197.7 197.0	1844.8
나트륨	508.2		5.0		594.1		7.5		730.0		
6일차	메밀현미밥 오징어돌나물샐러드 감자양념조림 느타리버섯나물	1.2 418.3 135.0 189.6	홍고추부각	5.0	다시마마늘밥 꽃게살전 가지찜	57.9 146.8 267.4	고구마요구르트	7.5	모둠콩밥 고등어구이 쌈배추생채 톳나물무무침	2.7 44.9 191.2 78.2	1545.7
나트륨	744.1		5.0		472.1		7.5		317.0		
7일차	메밀현미밥 조기허브구이 달걀채소말이 우엉조림	1.2 261.1 214.6 134.4	홍고추부각	5.0	주꾸미주먹밥 바질토마토샐러드 단호박후추볶음	194.5 198.3 190.7	고구마요구르트	7.5	모둠콩밥 문어미역무침 애호박견과류볶음 꽈리고추양념찜	2.7 172.7 199.5 136.4	1718.6
나트륨	611.3		5.0		583.5		7.5		511.3		

3단계 지속 감량기

	아침		오전 간식		점심		오후 간식		저녁		총나트륨(mg)
8일차	팥밥 쇠고기유자무침 양파견과류볶음 달래매실겉절이	1.3 86.2 198.6 59.2	모둠과일칩	8.1	파인애플볶음밥 파프리카닭고기볶음 사과자몽무침	61.3 102.5 7.0	연근칩	36.0	찰보리밥 오징어복분자샐러드 브로콜리대추볶음 레몬즙도라지생채	4.4 226.9 197.4 106.1	1095.0
나트륨	345.3		8.1		170.8		36.0		534.8		
9일차	두릅씨앗밥 자두닭가슴살무침 감자채전 달래오이생채	3.8 83.3 192.9 238.7	모둠과일칩	8.1	현미토르티야 파프리카닭가슴살샐러드 사과계피구이	26.0 225.3 5.1	연근칩	36.0	율무밥 조개고구마줄기볶음 더덕찹쌀구이 깻잎매실생채	1.3 65.7 5.9 93.4	985.5
나트륨	518.7		8.1		256.4		36.0		166.3		
10일차	옥수수밥 육원전 양배추들깨볶음 상추겉절이	1.9 244.4 191.9 192.7	모둠과일칩	8.1	미니파프리카컵밥 파래달걀전 표고버섯복분자소스구이	61.5 253.5 5.7	연근칩	36.0	기장밥 주꾸미채소볶음 토란고추조림 숙주레몬냉채	1.6 225.1 300.5 198.0	1720.9
나트륨	630.9		8.1		320.7		36.0		725.2		
11일차	보리밥 달래낙지강회 취나물볶음 고구마상추샐러드	2.1 204.1 199.4 66.8	통곡물시리얼	0.6	두부견과류스테이크 새송이파리고추샐러드 밤유자무침 오미자바질차	235.6 192.4 4.2 1.0	허브키위주스	6.0	통밀밥 쇠고기양파찜 양송이버섯볶음 속배추겉절이	1.7 88.7 135.7 208.9	1347.2
나트륨	472.4		0.6		433.2		6.0		435.0		
12일차	현미수수밥 홍합콩나물찜 상추나물 배샐러드	1.4 353.0 184.0 7.2	통곡물시리얼	0.6	오트밀핫케이크 쇠고기귤무침 양파셀러리피클	131.1 83.3 197.0	허브키위주스	6.0	조밥 새우자몽샐러드 달래연근무침 양배추생채	1.8 276.1 205.2 239.1	1685.8
나트륨	545.6		0.6		411.4		6.0		722.2		
13일차	귀리밥 코다리구이 두릅된장무침 취나물들깨볶음	1.6 36.6 163.3 169.4	통곡물시리얼	0.6	대추견과류볶음밥 브로콜리전 파인애플홍초샐러드	60.9 257.1 4.3	허브키위주스	6.0	약콩밥 삼치조림 콩나물겨자채 연근초무침	1.9 519.3 197.2 253.2	1671.4
나트륨	370.9		0.6		322.3		6.0		971.6		

4단계 감량 유지기

	아침		오전 간식		점심		오후 간식		저녁		총나트륨(mg)
14일차	무굴밥 표고버섯홍삼볶음 고춧잎메밀순무침 더덕생채	284.7 194.1 105.9 104.4	마요구르트	5.0	김치치즈밥 아스파라거스카레샐러드 뱅어포검은깨볶음	99.7 206.8 35.1	호두검은깨강정	1.8	귀리콩밥 셀러리마른새우볶음 전복조림 근대잔멸치볶음	2.4 29.7 230.3 288.6	1588.5
나트륨	689.1		5.0		341.6		1.8		551.0		

SPECIAL 03

2일(주말) 집중 해독 프로그램

워킹우먼들에게 딱 좋은, 주말을 이용한 스피드 해독 밥상

2주도 시간을 낼 수 없다면 주말 이틀을 이용해서 스피드 해독 프로그램을 실천해보자. 이 책에서 제시한 저칼로리 해독 식단 48세트 중 해독 점수에서 100점을 받은 밥상을 단계별로 엄선하여 이틀 밥상을 구성했다.

　토요일 아침에는 1단계로 클렌징 기간이다. 토요일 점심, 저녁 그리고 일요일 아침은 2단계로 지방 연소 프로그램에 집중한다. 일요일 점심은 3단계로 피로와 스트레스를 개선하는 밥상을 차린다. 일요일 저녁은 4단계로 면역력 회복과 유지 프로그램을 위한 밥상으로 마무리한다. 간식 역시 단계별 목표에 맞춰 토요일 오전은 클렌징(1단계), 토요일 오후는 지방 연소(2단계), 일요일 오전은 피로 해소(3단계), 일요일 오후는 면역 기능 강화(4단계)에 가장 알맞은 것으로 구성하였다. 해독 첫날은 1,300칼로리 이하의 몸을 가볍게 만드는 밥상을, 둘째 날은 조금 더 칼로리를 늘려 1,500칼로리 정도의 먹는 즐거움도 있는 밥상을 선택했다.

요일		메뉴	칼로리
토요일 1266.4kcal	아침	고구마두유구이, 콜리플라워샐러드, 피망피클	338.3kcal (기존 1일차 점심)
	오전 간식	우엉칩	49.6kcal (기존 1일차 간식)
	점심	묵은지채소김밥, 닭가슴살홍고추조림, 죽순양파볶음	383.3kcal (기존 5일차 점심)
	오후 간식	바나나민트구이	98kcal (기존 2~4일차 간식)
	저녁	메밀현미밥, 북어마늘볶음, 콩나물잡채, 미역무무침	397.2kcal (기존 2일차 아침)
일요일 1457.5kcal	아침	모둠콩밥, 고등어구이, 쌈배추생채, 톳나물무무침	400.9kcal (기존 6일차 저녁)
	오전 간식	연근칩	67kcal (기존 8~10일차 간식)
	점심	대추견과류볶음밥, 브로콜리전, 파인애플홍초샐러드	462.7kcal (기존 13일차 점심)
	오후 간식	마요구르트	128.6kcal (기존 14일차 간식)
	저녁	김치치즈밥, 아스파라거스카레샐러드, 뱅어포검은깨볶음	398.3kcal (기존 14일차 점심)

INDEX

ㄱ

가지찜 87
갈치 70
갈치양념구이 71
감자양념조림 85
감자채전 105
검은깨 145
계피 106
고구마두유구이 53
고구마상추샐러드 119
고구마요구르트 97
고등어구이 89
고춧잎메밀순무침 139
곤약미나리무침 55
굴 138
귀리 136
귀리밥 131
귀리콩밥 143
근대잔멸치볶음 143
기장밥 115
김 80
김자반 61
김치치즈밥 141
깻잎매실생채 109
깻잎콩가루찜 71
꽁치 82
꽁치조림 83
꽃게살전 87
꽈리고추양념찜 95

ㄴ

낙지 60
낙지달걀볶음밥 61
느타리버섯나물 85

ㄷ

다시마 68
다시마낙지말이 69
다시마마늘밥 87
단호박두부찜 75
단호박후추볶음 93
달걀 90

달걀채소말이 91
달래 118
달래낙지강회 119
달래매실겉절이 99
달래연근무침 129
달래오이생채 105
달래장 67
닭가슴살 72
닭가슴살샐러드 69
닭가슴살청경채볶음 65
닭가슴살홍고추조림 81
닭고기버섯밥 73
대구 78
대구찹쌀찜 79
대추 102
대추견과류볶음밥 133
더덕생채 139
더덕찹쌀구이 109
두릅 130
두릅된장무침 131
두릅씨앗밥 105
두부견과류스테이크 121
두부버섯찜 51
두유 57

ㄹ

레몬즙도라지생채 103

ㅁ

마 144
마늘 86
마늘종볶음 73
마요구르트 144
매생이 64
매생이발아현미밥 65
매생이숙주무침 63
매실 108
매운양배추묵무침 55
매콤시금치무침 69
메밀 58
메밀현미밥 59, 71, 79, 85, 91
모둠과일칩 116

모둠콩밥 63, 69, 75, 83, 89, 95
무굴밥 139
무비트피클 83
무청들기름볶음 51
묵은지채소김밥 81
문어 94
문어미역무침 95
미나리 54
미니파프리카컵밥 113
미역 74
미역무무침 59
미역미나리무침 75

ㅂ

바나나 77
바나나민트구이 77
바질토마토샐러드 93
발아현미밥 61
밤유자무침 121
배샐러드 125
뱅어포검은깨볶음 141
보리밥 119
복분자 112
부추숙주나물 51
북어 66
북어마늘볶음 59
북어밥 67
브로콜리대추볶음 103
브로콜리밥 51
브로콜리전 133
브로콜리초무침 75
블루베리 116
비빔청국장 51

ㅅ

사과계피구이 107
사과자몽무침 101
삼치조림 135
상추 110
상추겉절이 111
상추나물 125
새송이꽈리고추샐러드 121

INDEX

새우자몽샐러드 129
셀러리 126
셀러리마른새우볶음 143
속배추겉절이 123
쇠고기귤무침 127
쇠고기양파찜 123
쇠고기유자무침 99
숙주 114
숙주레몬냉채 115
쌈배추생채 89

ㅇ

아스파라거스 140
아스파라거스카레샐러드 141
애호박견과류볶음 95
약콩 134
약콩밥 135
양배추들깨볶음 111
양배추생채 129
양상추요구르트샐러드 73
양송이버섯볶음 123
양송이홍고추조림 65
양파 122
양파견과류볶음 99
양파셀러리피클 127
얼갈이생채 71
연근 117
연근초무침 135
연근칩 117
열무무침 65
열무콩가루볶음 79
오미자바질차 121
오색채소볶음 67
오이생채 61
오징어 84
오징어돌나물샐러드 85
오징어복분자샐러드 103
오트밀핫케이크 127
옥수수밥 111
완두콩 76
완두콩라테 76
요구르트 97

우엉 56
우엉조림 91
우엉칩 56
유자 120
육원전 111
율무밥 109

ㅈ

자두 104
자두닭가슴살무침 105
자몽 128
전복 142
전복조림 143
조개고구마줄기볶음 109
조기 62
조기조림 63
조기허브구이 91
조밥 129
주꾸미 92
주꾸미주먹밥 93
주꾸미채소볶음 115
죽순양파볶음 81
쪽파김무침 79

ㅊ

찰보리밥 103
찰현미밥 93
청경채매운볶음 83
청국장 50
취나물들깨볶음 131
취나물볶음 119

ㅋ

코다리구이 131
콜리플라워 52
콜리플라워샐러드 53
콩나물 124
콩나물겨자채 135
콩나물잡채 59
퀴노아 98
키위 137

ㅌ

토란고추조림 115
토란전 55
톳나물 88
톳나물무침 89
통곡물시리얼 136
통밀밥 123

ㅍ

파래김자반 67
파래달걀전 113
파인애플 100
파인애플볶음밥 101
파인애플홍초샐러드 133
파프리카닭가슴살샐러드 107
파프리카닭고기볶음 101
팥밥 99
표고버섯복분자소스구이 113
표고버섯홍삼볶음 139
피망잡채 63
피망피클 53

ㅎ

허브키위주스 137
현미밥 101, 133
현미수수밥 125
현미토르티야 107
호두 145
호두검은깨강정 145
홍고추 96
홍고추부각 96
홍초 132
홍합콩나물찜 125
흑미 57
흑미두유 57
흑미밥 81
흑미수수밥 113
흑미콩밥 55